科学技術社会の未来を共創する理科教育の研究

——生徒の意思決定・合意形成を支援する授業——

内田　隆 著

風間書房

目　次

序　章 ……………………………………………………………………… 1
　第1節　研究の背景 ………………………………………………… 1
　第2節　問題の所在 ………………………………………………… 2
　第3節　研究の目的 ………………………………………………… 3
　第4節　研究の方法 ………………………………………………… 4
　第5節　本書の構成 ………………………………………………… 5
　　　序　章　引用文献 …………………………………………… 9

第Ⅰ部　科学技術社会における国民の役割と理科教育の課題 ……… 11
第1章　科学技術基本計画に示される国民の位置付け及びその変遷
　　　　……………………………………………………………… 13
　第1節　研究の方法 ………………………………………………… 13
　第2節　科学技術基本計画にみられる科学技術政策の形成過程への
　　　　　国民参画の視点 ………………………………………… 15
　第3節　小括 ………………………………………………………… 24
　　　第1章　註 ……………………………………………………… 26
　　　　　　引用文献 ……………………………………………… 27

第2章　日本のSTS教育研究・実践の傾向と課題 ……………… 29
　第1節　分析の方法 ………………………………………………… 30
　第2節　日本のSTS教育研究・実践の時系列的な傾向の分析 … 34
　第3節　日本のSTS教育研究・実践の時系列的な傾向分析から
　　　　　得られる課題 …………………………………………… 37

第4節　STS教育研究・実践の課題から得られる科学技術政策の
　　　 形成過程への国民参画の基盤をつくる教育の論点 ·················· 43
第5節　小括 ··· 52
　　第2章　註 ·· 53
　　　　引用文献 ·· 56

第3章　科学技術政策の形成過程への国民参画に向けた理科教育
　　　 の課題 ·· 63
第1節　中学校学習指導要領解説理科編の分析 ································· 63
第2節　高等学校学習指導要領解説理科編理数編の分析 ··················· 67
第3節　中等教育の学習指導要領解説理科編の分析結果及び課題 ······· 71
第4節　小括 ··· 74
　　第3章　註 ·· 75
　　　　引用文献 ·· 76

第Ⅱ部　科学技術政策の形成過程への国民参画に向けた授業方法
　　　 の検討と試行 ·· 77
第4章　参加型テクノロジーアセスメントとその手法 ······················· 79
第1節　参加型テクノロジーアセスメントについて ·························· 79
第2節　コンセンサス会議 ··· 83
第3節　シナリオワークショップ ··· 86
第4節　小括 ··· 89
　　第4章　註 ·· 89
　　　　引用文献 ·· 90

第5章　参加型テクノロジーアセスメントの手法を応用した授業
　　　　の試行 …………………………………………………………… 93
　第1節　試行した授業の概要 ……………………………………… 93
　第2節　実施概要 …………………………………………………… 95
　第3節　結果及び考察 ……………………………………………… 98
　第4節　小括 ……………………………………………………… 107
　　　第5章　註 …………………………………………………… 108
　　　　　引用文献 ………………………………………………… 108

第Ⅲ部　参加型テクノロジーアセスメントの手法を応用した
　　　　授業開発 …………………………………………………… 109
第6章　コンセンサス会議を応用した授業：
　　　　生殖補助医療を題材として ……………………………… 111
　第1節　開発した授業の概要 …………………………………… 112
　第2節　実施概要 ………………………………………………… 117
　第3節　結果及び考察 …………………………………………… 117
　第4節　小括 ……………………………………………………… 122
　　　第6章　註 …………………………………………………… 122
　　　　　参考文献 ………………………………………………… 123

第7章　シナリオワークショップを応用した授業1：
　　　　臓器移植法案を題材として ……………………………… 125
　第1節　開発した授業の概要 …………………………………… 125
　第2節　実施概要 ………………………………………………… 130
　第3節　結果及び考察 …………………………………………… 131
　第4節　小括 ……………………………………………………… 145
　　　第7章　註 …………………………………………………… 145

　　　　　引用文献 ……………………………………………………… 147

第8章　シナリオワークショップを応用した授業2：
　　　　未来のエネルギー政策を題材として ……………… 149
第1節　開発した授業の概要 …………………………………… 149
第2節　実施概要 ………………………………………………… 156
第3節　結果及び考察 …………………………………………… 156
第4節　小括 ……………………………………………………… 165
　　第8章　註 …………………………………………………… 165
　　　　　引用文献 ……………………………………………… 166

終　章 ……………………………………………………………… 169
第1節　研究のまとめ …………………………………………… 169
第2節　結語 ……………………………………………………… 174
第3節　研究の課題及び今後の展開 …………………………… 177
　　終　章　註 …………………………………………………… 179
　　　　　引用文献 ……………………………………………… 179

あとがき ………………………………………………………… 181
資　料 …………………………………………………………… 185

序　章

第 1 節　研究の背景

　現代社会では，科学技術の発展によって，原子力発電によるエネルギーの供給，生殖補助医療による生殖の調整，遺伝子組換え技術による食糧の増産等が可能になった。その反面，出生前診断による命の選別といった倫理的な問題や遺伝子組換え食品の安全性評価の問題のような新たな社会問題が生じている。臓器移植の技術が進歩したために死の定義の変更を迫られたように，科学技術の発展を起因とする社会問題は，我々の習慣や価値観にも影響し社会の在り方を左右するだけでなく未来世代へも影響を及ぼすため，その対応策の検討に専門家だけでなく国民を加えるべきだという気運が高まっている。

　科学技術が高度に発展した現代社会に対応すべく，政府・文部科学省は『科学技術白書』(2011年度版) において「社会とともに創り進める科学技術」が国民一人ひとりにとっての現実の課題であるとして「科学技術を自分のものとして捉え，科学技術に関わる諸問題を適確に判断し，当事者として行動し，政策形成過程へ参画していくことが必要」(文部科学省, 2011) としている。そして，第 4 期科学技術基本計画 (2011〜2015) では「政策の企画立案及び推進への国民参画の促進」を方針として「広く国民が議論に参加できる場の形成など，新たな仕組み」(内閣府, 2011) の整備をすすめ，第 5 期科学技術基本計画 (2016〜2020) では「共創的科学技術イノベーション」を推進し「新しい科学技術の社会実装における対話や，自然災害・気候変動等に係るリスクコミュニケーションを醸成するためには，国民が初等中等教育の段

階から科学技術の限界や不確実性，論理的な議論の方法等に対する理解を深めることが肝要」（内閣府，2016）としている。

　科学技術に関連する様々な意思決定過程の民主化が進められる現代社会において，国民は科学技術と社会の境界に生じる問題の対応を専門家に委ねるのではなく，自らも検討・選択しなければならない。国民はこの様な現状を踏まえ，科学技術と社会の境界で生じる問題が「不確定要素をふくみ，科学者にも答えられない問題だが，『今，現在』社会的合意が必要」（藤垣，2003）であるという認識を持つ必要があり，科学技術社会における教育の在り方の検討が迫られている。

第2節　問題の所在

　科学技術と市民の距離を縮めようという声が高まってきている中，理科教育においてもこのような新たな状況に対応し得る能力がすでに視野に入れられつつあると言ってよい。例えばOECD（Organisation for Economic Co-operation and Development：経済協力開発機構）生徒の学習到達度調査（PISA：Programme for International Student Assessment）2006の科学リテラシーの定義の1つに「思慮深い一市民として，科学的な考えを持ち，科学が関連する諸問題に，自ら進んで関わること」（文部科学省，2006）が挙げられている。

　このような科学技術社会における理科教育の在り方の一面が，2008年発行の中学校学習指導要領解説理科編の第1分野・第2分野の内容（7）ウ（ア）「自然環境の保全と科学技術の利用」の「科学技術の利用の長所や短所を整理させ，同時には成立しにくい事柄について科学的な根拠に基づいて意思決定を行わせるような場面を意識的につくることが大切である」（文部科学省，2008）に表れている。学習者主体の活動を通して意思決定を図る場面を意識的につくる役目が，理科教師に期待されている。

　科学技術の発展を起因とする社会問題を扱う場として理科教育に期待が寄

せられているが，自然科学に関する知識や法則を中心に扱う理科教育では，これらの問題の仕組みや原因について科学的な側面から解説し科学技術の発展による解決を志向する傾向があり，社会的な側面には触れないことも多い。このような状況に対応すべく，主に1990年代に「科学，技術，及び社会の相互作用に関する教育，あるいは科学・技術に関連の深い社会問題に関する教育」(鶴岡，1999) であるSTS (Science, Technology, Society) 教育が理科教育を中心に研究・実践されてきたが，近年はその取り組みがあまり表面化していない。したがって，科学技術に関する「政策の企画立案への国民参画の促進」(文部科学省，2011b) という方針を国が打ち出しているものの，現在の教育現場では，最先端の科学技術を導入することによって生じる社会的な影響に配慮しながら，その是非や導入する際の条件を検討するような，科学技術政策の視点を取り入れた実践は少ないと考えられる。

「科学技術の公共的ガバナンス」(平川，2010) が求められている現代のような科学技術社会において，その未来を共創するために国民が科学技術政策の形成過程に参画できる社会基盤づくりが必要である。そのために教育が果たす役割は大きく，科学技術政策の形成過程に主体的に参画して科学技術社会の未来を共創する国民を育成するための授業を検討する必要がある。

第3節　研究の目的

本研究は，科学技術社会の未来の共創へ向けて，科学技術政策の形成過程に主体的に参画する国民を育成するための授業を開発することを目的とする。具体的には，実際の市民参加の場で利用されている手法である参加型テクノロジーアセスメントの手法を学校の授業に応用し，科学技術の発展を起因とする社会問題について学習者が自ら考え，学習者主体の議論を中心に意思決定や合意形成を図る学習活動を通して，科学技術政策への関心の喚起及び参画意識の向上を意図する授業を開発する。

本研究における授業開発によって，学習者主体の議論を伴う取り組みへの教師の負担が軽減され，科学技術の発展を起因とする社会問題を扱う実践の増加が期待できる。また，教師が科学技術政策の形成過程に主体的に参画する国民を育成するための授業を計画する際に，学習者主体の議論を通して意思決定や合意形成を図る学習活動を行うための手法の選択肢が増え，授業の多様性の増大が期待できる。

第4節　研究の方法

本研究の目的を達成するために，以下の5つの方法で研究を行った。

（1）科学技術政策の形成過程における国民の位置付けの把握及び整理（第Ⅰ部：第1章）

第1期から第5期の科学技術基本計画を資料に，我が国の科学技術政策において国民がどの様に位置づけられているのか調査を行い，現状の把握及び課題の整理を行う。

（2）先行研究の検討（第Ⅰ部：第2章）

科学技術政策の形成過程への国民参画の基盤をつくる教育の在り方を検討するために，科学，技術及び社会の相互作用に関する教育（STS教育）の先行研究・実践を調査し，研究成果や課題の明確化を図る。

（3）中等理科教育の学習内容の調査（第Ⅰ部：第3章）

科学技術政策への関心の喚起及び参画意識の向上を目的として，科学技術の発展を起因とする社会問題を題材に，学習者主体の議論を中心に意思決定や合意形成を図る授業を行うにあたって，近年の教育政策下における実施の可否や可能性の現状を，中等教育の学習指導要領解説理科編を資料に調査を行う。

（4）授業開発のための手法の調査及び試行（第Ⅱ部：第4章，第5章）

学習者主体の議論を通して意思決定や合意形成を図る学習活動を支援する手法を得ることを目的として，科学技術政策の形成過程への市民参加の場で実際に使用されている参加型テクノロジーアセスメントの手法の調査を行う。また，その手法を応用した授業を実際に試行し，参加型テクノロジーアセスメントの手法の教育への応用の可能性や効果，授業開発にあたっての課題等を整理する。

（5）授業の開発・実践及び実証的考察（第Ⅲ部：第6章，第7章，第8章）
参加型テクノロジーアセスメントの手法であるコンセンサス会議とシナリオワークショップの一連の手続きをその特徴を生かしたまま簡略化して，科学技術の発展を起因とする社会問題について学習者が自ら考え，学習者主体の議論を中心に意思決定や合意形成を図る学習活動を通して，科学技術政策への関心の喚起及び参画意識の向上を意図する授業を開発・実践し実証的考察を試みる。

第5節　本書の構成

序　章
第Ⅰ部　科学技術社会における国民の役割と理科教育の課題
　第1章　科学技術基本計画に示される国民の位置付け及びその変遷
　第2章　日本のSTS教育研究・実践の傾向と課題
　第3章　科学技術政策の形成過程への国民参画に向けた理科教育の課題
第Ⅱ部　科学技術政策の形成過程への国民参画に向けた授業方法の検討と試行
　第4章　参加型テクノロジーアセスメントとその手法
　第5章　参加型テクノロジーアセスメントの手法を応用した授業の試行
第Ⅲ部　参加型テクノロジーアセスメントの手法を応用した授業開発
　第6章　コンセンサス会議を応用した授業：生殖補助医療を題材として

第 7 章 シナリオワークショップを応用した授業 1：臓器移植法案を題材として
第 8 章 シナリオワークショップを応用した授業 2：未来のエネルギー政策を題材として
終　章

表1　本書の構成図

第Ⅰ部　科学技術社会における国民の役割と理科教育の課題

第1章　科学技術基本計画に示される国民の位置付け及びその変遷
【目的】第1期から第5期の科学技術基本計画を資料にして，我が国の科学技術政策の形成過程における国民の位置付けを明らかにする。

【結果】国民は，科学技術政策の企画立案及び推進に参画する主体として位置付けられており，科学技術政策の形成過程への国民参画の基盤をつくる教育の在り方の検討が必要。

第2章　日本のSTS教育研究・実践の傾向と課題
【目的】科学技術政策の形成過程への国民参画の基盤をつくる教育の在り方を検討するため，STS教育研究・実践を先行研究として位置付けて検討を行い，成果及び課題を明確にする。

【結果】STS教育研究・実践の多くが理科教師によって行われていることから，科学技術政策の形成過程への国民参画の基盤をつくる役割の一翼を，理科教育が担う必要性を提起。

【結果】科学技術の発展を起因とする社会問題について，学習者主体の議論を通して意思決定や合意形成を図る学習活動を行うための手法の開発の必要性を提起。

第3章　科学技術政策の形成過程への国民参画に向けた理科教育の課題
【目的】科学技術政策への関心の喚起及び参画意識の向上を目的として，科学技術の発展を起因とする社会問題を題材に，学習者主体の議論を中心に意思決定や合意形成を図る授業を行うにあたって，近年の教育政策下における実施の可否や可能性の現状を，学習指導要領解説理科編を資料にして明らかにする。

【結果】中等理科教育の学習内容に，科学技術利用の長所や短所を整理させたうえで意思決定を図る学習活動が取り入れられているものの，中等理科教育が科学技術の発展による解決を志向する科学観に依拠して行われていること等から，現在の教育政策下では国の科学技術政策や社会からの要請に十分応えることができていない現状を課題として示し，理科教育の内容領域の拡大の必要性を提起した。

第Ⅱ部　科学技術政策の形成過程への国民参画に向けた授業方法の検討と試行

第4章　参加型テクノロジーアセスメントとその手法
【目的】学習者主体の議論を通して意思決定や合意形成を図る学習活動を支援する手法を得ることを目的として，科学技術政策の形成過程への市民参加の場で実際に使用されている参加型テクノロジーアセスメントの手法の調査を行う。

【結果】教育への応用を検討する参加型テクノロジーアセスメントの手法としてコンセンサス会議・シナリオワークショップの2つを取り上げて調査を行い，その標準的な手続きをまとめた。

第5章 参加型テクノロジーアセスメントの手法を応用した授業の試行
【目的】未来のエネルギー政策を題材にコンセンサス会議を応用した授業を試行し，参加型テクノロジーアセスメントの手法であるコンセンサス会議の教育への応用の可能性や課題を探る。

⇩

【結果】コンセンサス会議を応用した授業は，学習者の議論を促して自分の考えを再検討させるのに有効であり「関心度」の喚起や「参画意識」の向上が期待できる。しかし，多大な労力・費用・時間がかかり教育の場への普及は現実的ではないこと等から，コンセンサス会議の一連の手続きを，教師が多様な論点・立場を踏まえて第三者的な立場から網羅性や公平性を担保しつつ，学校の実状等に合わせ簡略化した授業開発が妥当であることが明らかになった。

第Ⅲ部 参加型テクノロジーアセスメントの手法を応用した授業開発
【目的】コンセンサス会議とシナリオワークショップの一連の手続きを，その特徴を生かしたまま簡略化して，科学技術の発展を起因とする社会問題について自ら考え，学習者主体の議論を中心に意思決定や合意形成を図る学習活動を通して，科学技術政策への関心の喚起及び参画意識の向上を意図する授業を開発・実践し実証的に考察する。

第6章 コンセンサス会議を応用した授業：生殖補助医療を題材として

第7章 シナリオワークショップを応用した授業1：臓器移植法案を題材として

第8章 シナリオワークショップを応用した授業2：未来のエネルギー政策を題材として

【結果】授業の実施前後に行った質問紙調査の結果，第6章～第8章の3つの実践において「関心度」が高い学習者の割合，「参画意識」が高い学習者の割合が増加した。コンセンサス会議やシナリオワークショップは，科学技術の発展を起因とする社会問題を題材に，学習者主体の議論を中心に意思決定や合意形成を図る学習活動を通して，科学技術政策への関心の喚起及び参画意識の向上を意図する授業を行うための手法として実用性があることが示唆された。

引用文献

平川秀幸(2010)『科学は誰のものか』NHK 出版,p.75.

藤垣裕子(2003)『専門知と公共性』東京大学出版会,p.7.

文部科学省(2006)「OECD 生徒の学習到達度調査 Programme for International Student Assessment(PISA)〜2006年調査国際結果の要約〜」
http://www.mext.go.jp/a_menu/shotou/gakuryoku-chousa/sonota/071205/001.pdf(最終確認日:2018年5月1日)

文部科学省(2008)『中学校学習指導要領解説理科編』大日本図書

文部科学省(2011)『平成23年度版 科学技術白書』
http://www.mext.go.jp/b_menu/hakusho/html/hpaa201101/1302926.htm(最終確認日:2018年5月1日)

内閣府(2011)「第4期科学技術基本計画」
http://www8.cao.go.jp/cstp/kihonkeikaku/4honbun.pdf(最終確認日:2018年5月1日)

内閣府(2016)「第5期科学技術基本計画」(最終確認日:2018年5月1日)
http://www8.cao.go.jp/cstp/kihonkeikaku/5honbun.pdf

鶴岡義彦(1999)「HOSC の開発理念と構成視点―アメリカにおける STS 教育の源流としての『科学事例史法』―」,『千葉大学教育学部研究紀要. I,教育科学編』第47巻,pp.97-109.

第Ⅰ部　科学技術社会における
国民の役割と理科教育の課題

第1章　科学技術基本計画に示される国民の位置付け及びその変遷

　序章　第1節「研究の背景」において，科学技術の発展を起因とする社会問題の対策の検討に，国民参画の気運が高まっていることを挙げた。
　そこで本章では，第1期～第5期の科学技術基本計画を資料に，我が国の科学技術政策における国民像，具体的には，科学技術政策の計画・選択・推進・見直し等の形成過程に国民がどの様に位置付けられているのか，その位置付け及び変遷を明らかにし，本書の方向性を示す。

第1節　研究の方法

1．科学技術基本計画について

　科学技術政策の形成過程における国民の位置付けの分析にあたっては，科学技術基本法に基づき，科学技術の振興に関する施策の総合的かつ計画的な推進を図るために政府によって策定される科学技術基本計画を資料として用いる。科学技術基本計画は，長期的視野に立って体系的かつ一貫した科学技術政策を実行するため，各省より一段高い立場から日本の科学技術の全体を俯瞰するために，内閣府に設置された総合科学技術会議が策定・実行する。総合科学技術会議は，内閣総理大臣によって任命された関係閣僚や有識者等から構成され，議長は内閣総理大臣が務める。事務局は内閣府政策統括官（科学技術政策・イノベーション担当）のもとに置かれ，総合的・基本的な科学技術政策の企画立案及び調整が行われる。科学技術基本計画は，今後10年程度を見通した5年間の科学技術政策を具体化するものとして策定され，これ

までに,第1期(1996年〜2000年),第2期(2001年〜2005年),第3期(2006年〜2010年),第4期(2011年〜2015年),第5期(2016年〜2020年)の基本計画が策定されている。科学技術基本計画の策定には,政府以外の多くの専門機関も関わっている。例えば,文部科学省が設置した,安全・安心な社会の構築に資する科学技術政策に関する懇談会は,第3期科学技術基本計画を視野に入れた検討を行っている[1]（文部科学省,2004）。また,日本学術会議は,第3期科学技術基本計画の策定の際に「日本学術会議声明　日本の科学技術政策の要諦」[2]（日本学術会議,2005）を,第4期科学技術基本計画の策定の際に「第4期科学技術基本計画への日本学術会議の提言」（日本学術会議,2009）を提出している。

　科学技術基本計画は,多様な専門家が関わった上で政府が長期的な視点に立って策定した日本の科学技術政策の根幹であり,この計画を実行するための専門機関が設置され,継続的に見直しも行われていることから,科学技術政策の形成過程に参画する国民の位置付けを検討する資料として,科学技術基本計画が適当であると判断した[3]。

2．分析上の留意点

　分析にあたっては,第1期から第5期の科学技術基本計画をその対象とし,科学技術政策の計画・選択・推進・見直し等の形成過程への国民の参画に関連する条文を抜粋して分析し,国民の位置付け及び変遷を明らかにする。その際,国民を将来の科学技術の専門家(科学者や技術者)の卵と位置付けているものや,国民を科学技術水準向上のための施策の支援者と位置付けているものは分析対象とせず[4],科学技術政策の形成過程への国民の参画に関する施策に焦点をあて分析を行う。

第1章　科学技術基本計画に示される国民の位置付け及びその変遷　15

第2節　科学技術基本計画にみられる科学技術政策の形成過程への国民参画の視点

1．第1期科学技術基本計画（1996年～2000年）

　第1期科学技術基本計画（文部省，1995a）は，「第1章　研究開発の推進に関する総合的方針」と，この第1章の定めた方針に沿って，今後5年間に講ずる具体的措置を記述した「第2章　総合的かつ計画的な施策の展開」の2章から構成される。その第1章に「Ⅳ．科学技術に関する学習の振興と幅広い国民的合意の形成」の節が設けられ，それを受け第2章には「Ⅷ．科学技術に関する学習の振興及び理解の増進と関心の喚起」の節が設けられている。ここに示されている学習の振興の目的は「科学技術に対する夢と情熱を持った科学技術系人材を育成」や「科学技術の振興に関する国民的合意がより広く，また深く醸成されるよう」のように，国民を将来の科学技術の専門家の卵や科学技術水準向上のための施策の支援者として位置付けたものになっている。これは，第1期科学技術基本計画が「産学官全体の研究開発能力の引上げと最大限発揮」及び「研究成果を円滑に国民や社会，経済に還元」（文部省，1995b）を最優先課題として策定されているからであり，第1期科学技術基本計画には，科学技術政策の形成過程への国民参画の視点はみられない。

2．第2期科学技術基本計画（2001年～2005年）

　第2期科学技術基本計画（内閣府，2001）は「第1章　基本理念」「第2章　重要政策」「第3章　科学技術基本計画を実行するに当たっての総合科学技術会議の使命」の3章で構成されている。第2期科学技術基本計画の基本理念には，第1期科学技術基本計画にはなかった「第1章　4．科学技術と社

表1-1　第2期科学技術基本計画に示される科学技術政策の形成過程への国民参画に関する記述部分①（内閣府，2001）

第1章　基本理念
4．科学技術と社会の新しい関係の構築
（1）科学技術と社会のコミュニケーション
　「社会のための，社会の中の科学技術」という観点の下，<u>科学技術と社会との間の双方向のコミュニケーション</u>[5)]のための条件を整えることが不可欠である。
　　まず，科学技術の現状と将来に対する正しい情報が提供されなければならない。その前提として，<u>科学技術に関する学校教育・社会教育の充実により，社会の側における情報の受容と理解の下地が十分作られることが必要である。</u>
　　〔途中省略〕[6)]
　　研究者や技術者自らが，あるいは専門の解説者やジャーナリストが，最先端の<u>科学技術の意義や内容を分かりやすい形で社会に伝え，知識や考え方の普及を行うことを責務とすべきである。</u>また，<u>社会から科学技術の側に意見や要望が適確に伝えられる機会や媒介機能を拡大する</u>とともに，<u>科学技術関係者がそれらをくみ取り真摯に対応</u>することが必要である。<u>人文・社会科学の専門家は，</u>科学技術に関心をもち，科学技術と社会の関係について研究を行い発言するとともに，<u>社会の側にある意見や要望を科学技術の側に的確に伝えるという双方向のコミュニケーションにおいて重要な役割を担わねばならない。</u>
　　〔以降省略〕

第2章　重要政策
Ⅱ．優れた成果の創出・活用のための科学技術システム改革
5．科学技術活動についての社会とのチャンネルの構築
　　科学技術は，その意義や日常生活とのかかわりが国民により十分に理解されてこそ，長期的に発展し活用されていくものであり，<u>科学技術の振興には国民の支持が欠かせない。科学技術は社会と共に歩むことが基本であり，</u>科学技術に携わる者はこのことを心すべきである。
　　〔途中省略〕
（2）社会とのチャンネルの構築
　　〔途中省略〕
　　さらに，地域において，科学技術に関する事柄をわかりやすく解説するとともに，<u>地域住民の科学技術に関する意見を科学技術に携わる者に伝達する役割を担う人材の養成・確保を促進する。</u>
　　〔以降省略〕

会の新しい関係の構築」の節が設けられ，それを受け重要政策に「第2章 Ⅱ．5．科学技術活動についての社会とのチャンネルの構築」が項目化されている。これらの節や項目中の科学技術政策の形成過程への国民参画に関する記述箇所を表1-1に示す。

第2期科学技術基本計画では「科学技術の振興には国民の支持が欠かせない」「科学技術は社会と共に歩むことが基本」として，「双方向」つまり科学技術側から社会側への一方向の流れだけでなく，社会側から科学技術側へのコミュニケーションが加えられた。

そのコミュニケーションを成立させるために，科学技術関係者には「科学技術の意義や内容を分かりやすい形で社会に伝え，知識や考え方の普及を行う」ことや，社会からの意見や要望を「くみ取り真摯に対応」すること，人文・社会科学の専門家には「社会の側にある意見や要望を科学技術の側に的確に伝える」役割を，そして「地域住民の科学技術に関する意見を科学技術に携わる者に伝達する役割を担う人材の養成・確保」等，様々な専門家を活用して「社会から科学技術の側に意見や要望が適確に伝えられる機会や媒介機能を拡大」することが打ち出されている。それに対して国民には「科学技術に関する学校教育・社会教育の充実により，社会の側における情報の受容と理解の下地が十分作られることが必要」と示されている。しかし，コミュニケーションの成立のために国民に必要とされる「情報の受容と理解の下地」については具体的には示されていない。

第2期科学技術基本計画では「科学技術と社会との間の双方向のコミュニケーション」が導入された。しかし，このコミュニケーションを成立させるのは専門家の役割であって，国民側からの働きかけに関する記載はない。

一方，第2期科学技術基本計画の重要政策には，第1期科学技術基本計画にはなかった，「第2章 Ⅱ．6．科学技術に関する倫理と社会的責任」が項目化されている。以下の表1-2にその記述箇所を示す。

表1-2 第2期科学技術基本計画に示される科学技術政策の形成過程への国民参画に関する記述部分②（内閣府，2001）

第2章　重要政策 Ⅱ．優れた成果の創出・活用のための科学技術システム改革 6．科学技術に関する倫理と社会的責任 　〔途中省略〕 　21世紀には，以下のように，<u>科学技術と社会の新しい関係の構築が不可欠である</u>。 （1）生命倫理等 　〔途中省略〕 　臨床試験や臓器移植・再生医療のように一般の人々にとっても重大な関心をもつものが拡大しており，生命倫理は<u>国民全体の問題として議論されなければならない</u>。今後，生命科学，情報技術など科学技術が一層発展し，社会と個人に大きな影響を及ぼすことが予想されるので，<u>社会的コンセンサスの形成に努める</u>ことや倫理面でのルール作りを行うことが不可欠である。 　〔途中省略〕 　こうした科学技術の取組みに当たっては，情報公開の推進により透明性を確保しつつ，倫理等に関し有識者が検討する場や<u>国民の意見を聴取する場を設ける</u>ことにより，慎重にその方向付けを行う。

　第2期科学技術基本計画では，科学技術に関する倫理，特に生命倫理は「科学技術と社会の新しい関係の構築が不可欠である」とした上で，「国民全体の問題として議論されなければならない」「社会的コンセンサスの形成に努める」「国民の意見を聴取する場を設ける」と明記されている。科学技術政策についての聴取の対象は，第1期科学技術基本計画では外部有識者に限られていたが，第2期科学技術基本計画では国民に拡大されている。

3．第3期科学技術基本計画（2006年～2010年）

　第3期科学技術基本計画（内閣府，2006）は，「第1章　基本理念」「第2章　科学技術の戦略的重点化」「第3章　科学技術システム改革」「第4章　社会・国民に支持される科学技術」「第5章　総合科学技術会議の役割」の5章で構成されている。

　第3期科学技術基本計画では，「社会・国民に支持される科学技術」を章

として割り当て,「第4章 4．国民の科学技術への主体的な参加の促進」の節が設けられている。以下の表1-3に，これらの章や節に記載されている，科学技術政策の形成過程への国民参画に関する記述箇所を示す。

第3期科学技術基本計画では,「第4章 社会・国民に支持される科学技術」の章が設けられ,「社会に開かれたプロセス」によるルール作成や「社会合意形成活動が重要」と明記されている。さらに「4．国民の科学技術への主体的な参加の促進」が項目化され,「国民の方から科学技術に積極的に参加」や「国民の科学技術への主体的参加を促す施策を強化する」と示され，総合科学技術会議の具体的取組に,「国民の科学技術への参加の促進を

表1-3 第3期科学技術基本計画に示される科学技術政策の形成過程への国民参画に関する記述部分（内閣府, 2006）

第4章 社会・国民に支持される科学技術
1．科学技術が及ぼす倫理的・法的・社会的課題への責任ある取組
〔途中省略〕
科学技術の社会的信頼を獲得するために，国及び研究者コミュニティ等は，社会に開かれたプロセスにより国際的な動向も踏まえた上でルールを作成し，科学技術を担う者がこうしたルールにのっとって活動するよう促してゆく。
〔途中省略〕
また，国民の安心を得るためには，科学的なリスク評価結果に基づいた社会合意形成活動が重要である。国はこのような活動を支援する。
4．国民の科学技術への主体的な参加の促進
科学技術への国民の理解と支持を高めるためには，科学技術から国民への働きかけのみならず，国民の方から科学技術に積極的に参加してもらうことも重要である。このため，国民の科学技術への主体的参加を促す施策を強化する。
〔以降省略〕
第5章 総合科学技術会議の役割
2．具体的取組
（3）社会・国民に支持される科学技術
〔途中省略〕
特に，政策目標の達成状況の把握及び発信，科学技術に関する情報発信と国民との窓口機能の拡充，国民の科学技術への参加の促進を図る。

図る」役割が加えられている。

4．第4期科学技術基本計画（2011年〜2015年）

　第4期科学技術基本計画（内閣府，2011）は「Ⅰ．基本認識」「Ⅱ．将来にわたる持続的な成長と社会の発展の実現」「Ⅲ．我が国が直面する重要課題への対応」「Ⅳ．基礎研究及び人材育成の強化」「Ⅴ．社会とともに創り進める政策の展開」の5章で構成されている。第4期科学技術基本計画では「Ⅴ．社会とともに創り進める政策の展開」を章として割り当て，「Ⅴ．2．

表1-4　第4期科学技術基本計画に示される科学技術政策の形成過程への国民参画に関する記述部分①（内閣府，2011）

Ⅴ．社会とともに創り進める政策の展開
2．社会と科学技術イノベーションとの関係深化
（1）国民の視点に基づく科学技術イノベーション政策の推進
①政策の企画立案及び推進への国民参画の促進
　〔途中省略〕
　　政策の企画立案，推進に際して，意見公募手続の実施や，国民の幅広い参画を得るための取組を推進する。
　〈推進方策〉
・国は，政策，施策，さらには大規模研究開発プロジェクトの企画立案及び推進に際し，国民の幅広い意見を取り入れるための取組を進める。
　〔途中省略〕
・国は，政策，施策等の目的，達成目標，達成時期，実施主体，予算等について可能な限り明確化を図り，これら及びその進捗状況を広く国民に発信するとともに，得られた国民の意見を政策等の見直しに反映する取組を進める。
　〔以降省略〕

②倫理的・法的・社会的課題への対応
　〈推進方策〉
　〔途中省略〕
・国は，テクノロジーアセスメントの在り方について検討するとともに，生命倫理等の問題に関わる先端的な科学技術等について，具体的な取組を支援する。また，政策等の意思決定に際し，テクノロジーアセスメントの結果を国民と共有し，幅広い合意形成を図るための取組を進める。

（1）国民の視点に基づく科学技術イノベーション政策の推進」が項目化されている。表1-4に，この章に記載されている，科学技術政策の形成過程への国民参画に関する記述箇所を示す。

第4期科学技術基本計画では，「①政策の企画立案及び推進への国民参画の促進」が項目化され，「国民の幅広い参画を得るための取組を推進する」と示されている。そして，科学技術政策の形成過程への国民の参画の対象が具体的に「企画立案及び推進」と示され，「国民の幅広い意見を取り入れる」や「国民の意見を政策等の見直しに反映する」と明記されている。その結果，第3期科学技術基本計画では科学技術への国民の「参加」だったものが，第4期科学技術基本計画では国民の「参画」になり，国民の関与の度合いが増している。

また，第3期科学技術基本計画では「国民の科学技術への主体的参加を促す施策を強化」と示されていたものの，その方法は具体的には記載されていなかったが，第4期科学技術基本計画では，その方策の1つとして「テクノロジーアセスメントの在り方について検討」が加えられている。しかも，国民は単なる意見や要望の聴取対象ではなく，「結果を国民と共有し，幅広い合意形成を図る」と明記されており，科学技術政策の形成過程における国民の存在感が増している。

表1-5　第4期科学技術基本計画に示される科学技術政策の形成過程への国民参画に関する記述部分②（内閣府，2011）

Ⅴ．社会とともに創り進める政策の展開 1．基本方針 　〔途中省略〕 　科学技術イノベーション政策の策定と実施に際し，社会と国民の期待と不安を十分かつ的確に考慮し，我が国の直面する課題の達成に向けた<u>科学技術の可能性と条件，条件が妥当しない場合のリスクやコストについて</u>，研究者，技術者，研究機関と連携，協力しつつ，国民に率直に説明し，その理解と信頼と支持を得る必要がある。 　〔以降省略〕

一方,科学技術政策の形成過程への国民の位置付けが高まったため,国民は表1-5に示す内容にも留意しなければならない。

国民は,科学技術政策の企画立案及び推進への参画にあたって,科学技術の成果及び便益を享受するための意見や要望を伝えるだけではなく,「科学技術の可能性と条件,条件が妥当しない場合のリスクやコスト」に配慮することが必要とされている。

5．第5期科学技術基本計画（2016年～2020年）

第5期科学技術基本計画（内閣府,2016）は「第1章　基本的考え方」「第2章　未来の産業創造と社会変革に向けた新たな価値創出の取組」「第3章　経済・社会的課題への対応」「第4章　科学技術イノベーションの基盤的な力の強化」「第5章　イノベーション創出に向けた人材,知,資金の好循環システムの構築」「第6章　科学技術イノベーションと社会との関係深化」「第7章　科学技術イノベーションの推進機能の強化」の7章で構成されている。

第5期科学技術基本計画では「第6章　科学技術イノベーションと社会との関係深化」において科学技術と社会との関係の深化を章として割り当て,「（1）共創的科学技術イノベーションの推進　①ステークホルダーによる対話・協働　②共創に向けた各ステークホルダーの取組」が項目化されている。

以下の表1-6・表1-7に,この章に記載されている,科学技術政策の形成過程への国民参画に関する記述箇所を示す。

第5期科学技術基本計画においても,「多様なステークホルダーが双方向で対話・協働し,それらを政策形成や知識創造へと結び付ける『共創』を推進する」と明記され,科学技術政策の形成過程への国民参画の方針が継承されている。そして,その科学技術政策への国民参画の場について「科学技術に係る各種市民参画型会議など対話・協働の場を設ける」と具体的に明記さ

第1章 科学技術基本計画に示される国民の位置付け及びその変遷　23

表1-6　第5期科学技術基本計画に示される科学技術政策の形成過程への国民参画に関する記述部分①（内閣府，2016）

第6章　科学技術イノベーションと社会との関係深化
（1）共創的科学技術イノベーションの推進
①ステークホルダーによる対話・協働
　〔途中省略〕
　今後は，アウトリーチ活動の充実のみならず，科学技術イノベーションと社会との問題について，研究者自身が社会に向き合うとともに，多様なステークホルダーが双方向で対話・協働し，それらを政策形成や知識創造へと結び付ける「共創」を推進することが重要である。このため，国は，大学，公的研究機関及び科学館等と共に，より効果的な対話を生み出す機能を充実させ，多様なステークホルダーを巻き込んだ円卓会議，科学技術に係る各種市民参画型会議など対話・協働の場を設ける。その際に得られた意見等については，新たな価値の創出，社会的課題の特定や解決に向けて，国の政策形成の際に考慮する。
　〔以降省略〕

表1-7　第5期科学技術基本計画に示される科学技術政策の形成過程への国民参画に関する記述部分②（内閣府，2016）

第6章　科学技術イノベーションと社会との関係深化
（1）共創的科学技術イノベーションの推進
②共創に向けた各ステークホルダーの取組
　〔途中省略〕
　特に，新しい科学技術の社会実装における対話や，自然災害・気候変動等に係るリスクコミュニケーションを醸成するためには，国民が，初等中等教育の段階から，科学技術の限界や不確実性，論理的な議論の方法等に対する理解を深めることが肝要である。
　また，科学館，博物館等の社会教育施設が果たす役割も大きく，そうした場において，研究者等と社会の多様なステークホルダーとをつなぐ役割を担う人材である科学コミュニケーター等が活躍し，双方向の対話・協働においても能動的な役割を担うことが期待されることから，国は，こうした取組について支援する。
　また，科学教育において，新聞，テレビ，インターネット等のメディアが果たす役割は小さくない。メディアは，科学技術情報を，その不確実性や専門家の見解の対立も含めてできる限り客観的に提供するよう努めることで，国民の科学技術リテラシー向上，ひいては共創の醸成につながるという意識を持つことが期待される。
　〔以降省略〕

れている。

　また「新しい科学技術の社会実装における対話・協働」や「それらを政策形成や知識創造へと結び付ける『共創』」を実現させるために，「国民が，初等中等教育の段階から，科学技術の限界や不確実性，論理的な議論の方法等に対する理解を深めることが肝要」と示され，初等中等教育における「科学技術の限界や不確実性」といった科学についての学習や，「論理的な議論の方法」といった意思決定や合意形成を図る活動の重要性が示されている。

第3節　小括

1．科学技術基本計画における国民の位置付け

　本章における，第1期から第5期までの科学技術基本計画の分析から，我が国の科学技術政策における国民像，特に科学技術政策の形成過程における国民の位置付け及びその変遷として，以下の3点が明らかになった。

①第1期科学技術基本計画には，国民の側から科学技術政策に働きかける視点はなかった。しかし，第2期に「科学技術と社会との間の双方向のコミュニケーション」が導入され，第3期には「国民の科学技術への主体的な参加の促進」，第4期には「政策の企画立案及び推進への国民参画の促進」，第5期では「多様なステークホルダーが双方向で対話・協働し，それらを政策形成や知識創造へと結び付ける『共創』を推進する」のように，更新されるにしたがって，科学技術政策の形成過程における国民の位置付けが高まっている。

②第5期科学技術基本計画では，国民は科学技術政策についての意見や要望の聴取対象であるだけでなく，企画立案及び推進に参画する「対話」「協働」「共創」の主体として位置付けられている。

③国民は，科学技術政策の形成過程への参画にあたって，科学技術の成果及び便益を享受するための意見や要望を伝えるだけではなく，科学技術の可能性と条件，リスクやコスト，倫理面に配慮した意思決定や合意形成を図ることも求められており，第5期科学技術基本計画では，初等中等教育の段階から，科学技術の限界や不確実性，論理的な議論の方法等に対する理解を深めることの必要性が指摘されている。

　科学技術の可能性と条件とは，例えば地球温暖化の予測結果や温暖化対策の成否には，理科教育における常に厳密に成り立つ客観性を持った科学的な事実や法則とは異なり未知の部分や不確定要素が含まれているため，その可能性は様々な条件によって変わるといったことである。また，リスクやコストへの配慮とは，温暖化の予測結果や温暖化対策の効果やリスクが，経済状況や法整備といった社会的な状況，また，新たに発見された科学的な事実や開発された技術等と相互に影響し合うといったことである。こういった科学，技術，社会の諸要因が複雑に影響し合い，明確な解答がないエネルギー問題や生命倫理等に関する科学技術政策の形成過程に，国民はその当事者として意思決定や合意形成を図ることが求められ，国はその取り組みを推進していく。

　この様な科学技術に関連する様々な意思決定過程の民主化が進められる状況を，国民に伝えるだけでなく社会に普及・浸透・定着させ，科学技術政策の形成過程への国民参画の基盤をつくるために教育が果たす役割は大きく，その教育の在り方の検討は喫緊の課題である。

　そこで次章では，科学技術社会の未来の共創へ向けて科学技術政策の形成過程への国民参画の基盤をつくる教育の在り方を検討するために，科学技術と社会の相互作用に関する教育（STS教育）を先行研究と位置付けて調査し研究成果や課題の明確化を図る。

註

1）この報告書の「第1章　検討の背景と目的」に「今後，中長期的な観点から，科学技術政策上の取り組みを本格化させていくことが不可欠と考えられることから，第3期科学技術基本計画に向けた事前検討も視野に入れた検討を実施する」と記載されている。

2）この報告書の「はじめに」に，「第3期科学技術基本計画策定に当たって留意するべき根本的な考え方，基本的理念を提示するものである」と記載されている。

3）文部科学省から『科学技術白書』，科学技術政策研究所から『科学技術動向』が発刊されている。これらは，政府の施策の現状を国民に周知させるための資料という面もあるが，その施策は科学技術基本計画をもとにしているので，本研究では主たる分析対象の資料にはしない。また，政府は科学技術基本計画の他にも，2025年までを視野に入れた長期の戦略指針である「イノベーション25」（内閣府，2008）を策定している。しかし「イノベーション25」は，社会システムの改革戦略と技術革新戦略を中心にまとめられており，国民を対象としているのは，次世代の科学技術関連人材の育成のための投資の充実と，科学技術に関する国民向けの普及・啓発運動の推進についてだけであり，科学技術政策の形成過程への国民の参画の視点は見られない。したがって「イノベーション25」も本研究の分析の対象とはしない。

4）日本は戦後，科学技術の発展による復興及び国づくりを目指し，1951年には産業教育振興法を制定して科学技術に関わる人材の育成を推進し，1953年には理科教育振興法を制定して理科教育の振興を進めている。また，1980年版の「科学技術白書」（科学技術庁，1980）では「国際的なバーゲニングパワーとする『科学技術立国』の推進」を掲げ，「今後の科学技術推進のためには，創造性のある人材や，総合性に富む人材の育成が必要」や「科学技術活動の円滑な推進を図るためには，国民の理解と協力を得ながら進めることが極めて重要な課題」としている。このように日本では，科学技術に関連する人材の育成や，国民の科学技術への関心の喚起については継続して取り組まれており，科学技術の発展に伴って近年になって取り入れられた施策ではないことから，本研究ではこれらを分析の対象とはしない。

5）条文中の下線　　は，強調のために筆者が付したものである。以降の条文中の下線も同様である。

6）本研究で「科学技術基本計画」を分析資料にするにあたっては，科学技術政策の形成過程への国民の参画に関する条文を抽出して表にまとめ，そうでない条文は表中には記載せず省略した。省略箇所には〔途中省略〕及び〔以降省略〕を挿入した。

引用文献

科学技術庁（現 文部科学省）(1980)『科学技術白書』
　　http://www.mext.go.jp/b_menu/hakusho/html/hpaa198001/index.html（最終確認日：2018年5月1日）
文部科学省（2004）「安全・安心な社会の構築に資する科学技術政策に関する懇談会」報告書
　　http://www.mext.go.jp/a_menu/kagaku/anzen/houkoku/04042302/1242078.htm（最終確認日：2018年5月1日）
文部省（1995a）「第1期科学技術基本計画」
　　http://www.mext.go.jp/b_menu/shingi/kagaku/kihonkei/honbun.htm（最終確認日：2018年5月1日）
文部省（1995b）「科学技術基本計画について（概要）」
　　http://www.mext.go.jp/b_menu/shingi/kagaku/kihonkei/gaiyo.htm（最終確認日：2018年5月1日）
内閣府（2001）「第2期科学技術基本計画」
　　http://www8.cao.go.jp/cstp/kihonkeikaku/honbun.html（最終確認日：2018年5月1日）
内閣府（2006）「第3期科学技術基本計画」
　　http://www8.cao.go.jp/cstp/kihonkeikaku/honbun.pdf（最終確認日：2018年5月1日）
内閣府（2008）「イノベーション25」
　　http://www.cao.go.jp/innovation/index.html（最終確認日：2018年5月1日）
内閣府（2011）「第4期科学技術基本計画」
　　http://www8.cao.go.jp/cstp/kihonkeikaku/4honbun.pdf（最終確認日：2018年5月1日）
内閣府（2016）「第5期科学技術基本計画」（最終確認日：2018年5月1日）
　　http://www8.cao.go.jp/cstp/kihonkeikaku/5honbun.pdf
日本学術会議（2005）「日本学術会議声明　日本の科学技術政策の要諦」
　　http://www.scj.go.jp/ja/info/kohyo/pdf/kohyo-19-s1024.pdf（最終確認日：2018年5月1日）
日本学術会議（2009）「第4期科学技術基本計画への日本学術会議の提言」
　　http://www.scj.go.jp/ja/info/kohyo/pdf/kohyo-21-t85-1.pdf（最終確認日：2018年5月1日）

第2章　日本のSTS教育研究・実践の傾向と課題

　第1章では，科学技術基本計画の分析から，国民が科学技術政策の企画立案及び推進に参画する主体として位置付けられていることを明らかにし，科学技術社会の未来の共創へ向けて科学技術政策の形成過程への国民参画の基盤をつくるための教育の在り方の検討の必要性を提起した。

　本章では，科学技術社会の未来の共創へ向けて科学技術政策の形成過程への国民参画の基盤をつくる教育の在り方を検討するにあたって，「科学，技術，及び社会の相互作用に関する教育，あるいは科学・技術に関連の深い社会問題に関する教育」(鶴岡，1999)であるSTS (Science, Technology, Society) 教育を取り上げる。STS教育は，科学，技術及び社会の相互作用を扱い，科学技術の発展を起因とする社会問題に対処できるような意思決定力や問題解決力を育成する教育であり，第1章で述べた科学技術政策の形成過程への国民参画の基盤をつくる教育そのものであると言ってよい。つまり，STS教育研究・実践の文献研究・資料調査は，本研究における先行研究の検討に位置付けられる。

　そこで，まず日本におけるSTS教育の先行研究・実践の文献[1]を収集・整理し資料としてまとめる。そのうえで，STS教育の研究・実践の傾向を調査・分析し，その成果と課題を明確にし，科学技術社会の未来の共創へ向けた科学技術政策の形成過程への国民参画の基盤をつくる教育への示唆を得ることを本章の目的とする。

第1節　分析の方法

1．文献調査の対象及び対象期間

　本章では，日本においてSTS教育という名のもとで行われた研究・実践に焦点をあて，その傾向を分析する。文献収集の対象期間は，日本におけるSTS教育の研究・実践の初期の文献に多く引用されている『科学と社会を結ぶ教育とは』（Ziman, 1988）の原著が1980年に発行されていることから，日本におけるSTS教育に関する議論もこの頃から進められたと考え，1980年から現在（2016年）までとした。

2．資料化対象文献の収集方法及び選定条件

　STS教育の研究・実践の文献収集には，学術情報の検索が可能な国立国会図書館蔵書検索・申し込みシステムNDL-OPAC，国立情報学研究所論文情報ナビゲータCiNii，科学研究費助成事業データサービスKAKENの3つの検索システムを利用した。収集文献の選定は以下の①～⑦の手順で行った[2]。

① NDL-OPAC，CiNiiを利用して「STS」をキーワードにして検索を行った。
② 検索された文献のうち，STSがScience, Technology, Society[3]の略ではない文献[4]を，資料化の対象から除外した。
③ 検索された文献のうち，『物理教育』『科学教育研究』等の教育系の学会の学会誌や，『理科の教育』『楽しい理科授業』等の教育系の専門雑誌に掲載されているものを，資料化対象の文献として選定した。また，教育学部もしくは教育学科等の発行する研究紀要等に掲載されているものも，資料化

対象の文献として選定した。

本研究では「『S-T-Sの相互関連性』自体を学問として研究する立場」（梅埜，1993）の文献は資料化の対象にはせず，教育を主たる研究分野にしている文献を対象とする。そこで，STSがScience, Technology, Societyの略であり，②で除外されていないものの，③にも該当せず残っている文献の中から，主たる研究分野が教育の文献を選定する作業を，以下の手順で行った。

④③に該当した文献のSTS教育に関係するキーワードを，STS教育関連用語として抽出した（ただし「STS」はのぞく）。以下の表2-1に示す。
⑤STSがScience, Technology, Societyの略ではあるものの③には該当してなかった文献のうち，題名，副題，キーワードのいずれかに表2-1の用語を含むものを資料化対象の文献として選定し，含まないものはその対象から除外した。
⑥キーワードが設けられていない等で，検索システムでは検索することができない文献については，理科・科学，算数・数学，社会，技術家庭，保健の各学会誌・専門雑誌等の調査を別に行い，題名，副題に表2-1のSTS教育関連用語を含む文献を選定した[8]。
⑦科学研究費助成事業による研究の報告書については，科学研究費助成事業データサービスKAKENを使用して，研究分野が教育であるものの中から，題名，副題，キーワードのいずれかにSTSを含むものを選定した。

表2-1　資料化対象の文献に含まれるSTS教育関連用語[5]

「STS教育[6]」「STSリテラシー」「STS教材」「STS運動」
「STS的視点」「STSモジュール」「STS科学教育論」
「STS問題」「STSイシューズ」「STS理科カリキュラム」
「STSアプローチ」「STS的アプローチ」
「STLアプローチ[7]」「STS家庭科」「STS家政教育」

ただし,科学研究費助成事業による研究の報告書は,時系列的な傾向の分析だけに使用した。

3．資料化対象文献の選定結果の概要

文献の選定にあたっては,学術論文に限定せず論考や紹介記事等も含めたところ,資料化対象の文献は計224編になった。この224編の文献をSTS教育の研究・実践の主要な文献として,一覧表にしてまとめ巻末に資料として付した。その内訳は学会誌・専門雑誌等が118編（巻末資料1）,大学の紀要等が53編（巻末資料2）,科学研究費助成事業の報告書が53編（巻末資料3）であった。その他に,題名にSTSを含み,STS教育を主として扱っている一般書籍が5冊（巻末資料4）あった[9]。

ただし,学会の大会の発表要旨や論文集及び研究会等の報告書等は,本研究におけるSTS教育の研究・実践の分析の対象とするものもあるが,資料化する224編の中には含めないこととした。

以下の表2-2に,資料化した文献が掲載されていた学会誌・専門雑誌等（22誌）の一覧を示す[10]。

4．資料化した文献の分析の視点

収集した文献を中心に,一般書籍や学会の大会発表における要旨集等を参考にして,以下の視点で分析を行った[11]。

（1）日本のSTS教育研究・実践の時系列的な傾向
（2）日本のSTS教育研究・実践の時系列的な傾向分析から得られる課題
　1）STS教育研究・実践が1990年代に日本で多く行われた背景
　2）STS教育研究・実践が1990年代後半以降に減少した背景
（3）STS教育研究・実践の課題から得られる科学技術政策の形成過程への国民参画の基盤をつくる教育の論点

表2-2 資料化した文献が含まれていた学会誌・専門雑誌等

雑誌名	発行者・発行所等	文献数
『日本理科教育学会研究紀要』 『理科教育学研究』（改称）	日本理科教育学会	11
『理科の教育』	東洋館出版社 （日本理科教育学会編）	25
『教育科学 理科教育』 『楽しい理科授業』（改称）	明治図書	19
『初等理科教育』	農山漁村文化協会 （日本初等理科教育研究会編）	1
『科学教育研究』	日本科学教育学会	15
『物理教育』	日本物理教育学会	4
『化学教育』『化学と教育』（改称）	日本化学会	5
『生物教育』	日本生物教育学会	4
『生物の科学　遺伝』	裳華房，エヌ・ティー・エス （遺伝学普及会編）	11
『生物科学』	日本生物科学者協会	2
『地学教育』	日本地学教育学会	5
『家庭科教育』	家政教育社	3
『日本教科教育学会誌』	日本教科教育学会	3
『環境教育』	日本環境教育学会	2
『環境技術』	環境技術学会	1
『科学技術社会論研究』	科学技術社会論学会	1
『一般教育学会誌』 『大学教育学会誌』（改称）	一般教育学会 大学教育学会（改称）	1
『エネルギー環境教育研究』	日本エネルギー環境教育学会	1
『日本エネルギー学会誌』	日本エネルギー学会	1
『省エネルギー』	省エネルギーセンター	1
『博物館学雑誌』	全日本博物館学会	1
『パリティ』	丸善出版	1
学会誌・専門雑誌等の合計		118
大学の紀要等の合計		53
科学研究費助成事業の報告書		53
合　計		224

1) STS教育研究・実践が行われた教科は何か
2) 科学技術政策の形成過程への国民参画の基盤をつくる教育を進めるための方策

第2節　日本のSTS教育研究・実践の時系列的な傾向の分析

1．STS教育研究・実践の文献の発表数の変遷

本研究で選定したSTS教育の研究・実践の文献（学会誌・専門雑誌等に収録118編，大学の紀要等に収録53編，科学研究費助成事業の報告書53編の計224編）を，発表された年毎にグラフにまとめたものを以下の図2-1に示す[12]。

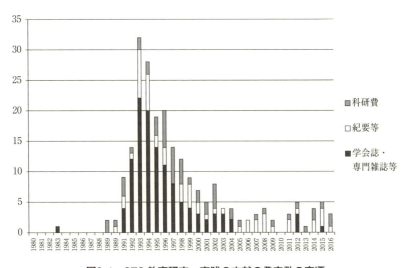

図2-1　STS教育研究・実践の文献の発表数の変遷

2．STS 教育研究・実践の文献の時系列的な概観

　本研究の調査の中で，教育に関する文脈の中に STS の用語が最初に見られたのは，森本（1983）がアメリカの理科教育の動向を報告する際「科学，技術及び社会との関連性を志向した中等カリキュラム研究グループ（Science-Technology-Society Focus Group）」の略称を STS グループとした箇所であった。また，STS 教育の用語が最初に見られたのは，長洲（1987）がアメリカの理科教育の動向を報告する際，STS 教育プログラムの事例を紹介した箇所であった[13]。

　STS 教育に関して詳細に論じられている初期のものとして，1988年に発行された『科学と社会を結ぶ教育とは』（Ziman, 1988）が挙げられ，その第7章には「STS 教育の方法」が設けられている[14]。その後，鈴木（1990）が理科教育における環境教育のあり方について，木谷（1991）が理科教育の今日的課題について語る文脈の中で，それぞれ STS 教育に言及している[15]。そして，ほぼ同時期に題名に STS 教育を含み，STS 教育を主たる研究対象としている論文が発表された。例えば，環境教育と STS 教育の関係について（鈴木・原田・玉巻, 1990）（熊野, 1991），BSCS における人間の遺伝学教育の展開と STS アプローチについて（丹沢, 1991），家政教育への STS 教育思想の導入（住田, 1991），科学論から STS 教育についての考察（大洲, 1991），ERIC のデータ分析からアメリカにおける STS 教育の実態を明らかにする試み（田中・柿原, 1991）等である。

　また，学会誌等[16]における研究報告だけでなく一般書籍にも STS 教育に触れているものが見られるようになる。例えば，中島（1991）が『科学とは何だろうか』（小林・中山・中島, 1991）の中で新しい科学技術論としての STS を語る中で STS 教育に言及している。さらに，1991年に発行された『理科教育辞典　教育理論編』（東・大橋・戸田, 1991）のコラムに STS プログラムが挿入されていたり，大学における STS 教育プログラムでの使用も

見据えた『サイエンスを再演する』(フォーラム STS, 1990) が発行されたりしている。

この時期，教育関係者の間で STS 教育への関心が高まっており，複数の専門雑誌において STS 教育関連の特集が組まれている。例えば，『遺伝』が1992年の11月から特集「生物教育における STS 教育の可能性」を全11回，『理科の教育』が1993年11月号で特集「理科における STS 教育」で7論文，『楽しい理科授業』が1995年1月から特集「STS 教育の教材開発と授業」を全12回連載している。この3つの特集はどれも，海外の STS 教育の紹介 (SISCON-in-schools, SATIS 等)，STS 教育の概要説明や概念の整理，日本における STS 教育の在り方の検討，先駆的な日本での実践例の紹介及び教材開発といった構成であった。

そして，STS 教育の研究・実践発表は飛躍的に増加し，ピークの1993年には，学会誌等に32編が発表された。また，1992年に理科教育学会の40周年記念を兼ねて出版された『理科教育学講座6 理科教材論（上）』(日本理科教育学会, 1992) に約90ページにわたって STS 教育についての論考が展開されていることからも，この1990年代前半に，多くの研究者・教師が関心を持ち期待を寄せていたことがわかる[17]。

1998年発行の『キーワードから探るこれからの理科教育』(日本理科教育学会編, 1998) では，これからの理科教育に重要だと考えられる50のキーワードの中に「STS 教育」が取り上げられている。

しかしその一方で，90年代後半になると STS 教育の研究・実践発表は次第に減少する。『理科の教育』1998年1月号の特集「科学技術社会における子どもの学びと理科学習指導の在り方」では，その特集のタイトルに「科学技術社会」という言葉があるものの，10編の論考の中で題名に STS 教育を含むものは「家族の教育力を活用した STS 教育―思慮深く考察できる生徒の育成をめざして―」(平賀, 1998) の1編だけであった。

2000年以降，STS 教育の研究・実践発表はさらに減少し，学会誌等で発

表されるもののほかに科学研究費助成金による研究の報告書を含めても，毎年数編程度に留まっている。ただし，STS教育の研究・実践の数は少ないものの，現在まで継続的に取り組まれていることが図2-1からもわかる[18]。

第3節　日本のSTS教育研究・実践の時系列的な傾向分析から得られる課題

第2節で明らかにしたように，STS教育研究・実践は1990年代に多く報告されていたものの，現在はSTS教育という名で実施されている教育活動は減少している。

そこで本節では，STS教育がなぜ1990年代に多く行われ1990年代後半には減少したのかを検討して，STS教育研究・実践の課題を明らかにし，科学技術政策の形成過程への国民参画の基盤をつくる教育の在り方の検討の方向性を定める。

1．STS教育研究・実践が1990年代に日本で多く行われた背景

本項では，STS教育研究・実践が，なぜ1990年代当初に日本で多く行われたのか，資料化した文献に記載されているSTS教育を推進する論拠やSTS教育の必要性を説く理由等を抽出・類型化し，その背景を明らかにした。以下に4点挙げる。

(1) 環境教育の必要性の高まりの影響

1986年に環境庁「環境教育懇談会」設置，1990年に日本環境教育学会設立，「環境教育指導資料」中学校・高等学校編（1991），同小学校編（1992），同事例編（1995）の発行，1992年に環境と開発に関する国際連合会議（リオ・サミット）の開催等，この時期は環境教育をとりまく社会的な環境が大きく変化した時期であった。

環境教育の必要性の高まりとともに、科学技術の社会的な側面を取り上げるSTS教育の重要性も同時に高まったと考えられる。例えば「環境問題は人間にとっての科学や科学技術の在り方を問い直させる契機[19]となった。これまでは科学や科学技術は人々に幸せをもたらすものとする科学ユートピアの考えが主流であり、それを反映した形で科学教育が行われてきた。すなわち科学的思考の育成、科学知識の理解など科学の中身の教育であった。1970年代後半から80年代にかけて、それへの反省を含めて科学教育の在り方に変化が見られるようになった。その1つの現れがSTS教育である」（鈴木・原田・玉巻、1990）や、「日本経済の急激な上昇によって、公害や環境破壊のような科学の発達のマイナス面が社会問題化してきたため、理科教育の中でも、このような問題が取り上げられる機会が増えてきた。このようなテーマの授業実践を通じて、科学の発達のプラス面とマイナス面とを公平に教えることによって日常生活の中で科学に関わる問題が起こったときに冷静に判断できる能力を育てることが、これからの理科教育の重要な役割の1つではないかという考え方が出てきた。こういう観点において、欧米で台頭してきたSTS教育の考え方を研究しようという動きにつながった」（沼尻・芳賀、1993）にみられる。つまり、科学技術の発展を環境問題の原因の1つとしたうえで、その解決を技術革新による解決に限定せず、科学技術そのものを問い直すSTS教育が注目されたといえる[20]。

（2）従来の科学教育の批判的な検討

「科学を優れた人類の文化遺産ととらえ、その普遍的な価値を認める立場や、科学技術の振興が社会開発に貢献するという科学のプラス面としての実用的価値を認める立場からの教育だけでは、今日の複雑な問題に十分に対処できるような意志決定能力、問題解決能力や判断力が育成され難い」（中山、1992）にあるように、自然科学中心の伝統的な科学教育だけでは、科学技術に支えられた社会に対する批判的な視点や、科学技術社会で生じる問題

に対処できる意思決定能力等が育たないという認識が多くの理科教師や研究者の間にあった。

　また,「専門家としての科学者あるいは技術者養成のための教育,つまり科学や技術〈の〉教育が主であり,したがって科学や技術〈について〉の教育は,少なくとも理科においてはほとんど行われていなかった。もちろん社会科などの他の教科においてもほぼ同様である。科学教育は,あくまでも科学の教育であって,科学者や技術者になるための教育ではあっても,科学や技術を対象化して,それを外から評価するための教育ではなかった」(坪井, 1994)の指摘にもあるように,科学や技術を対象化して捉える視点を養う「科学や技術〈について〉の教育」としてのSTS教育の必要性が高まっていたといえる。

(3) 科学技術社会を構成する市民として期待される力の育成

　この時期,科学技術の発展によって生じる様々な問題は,専門家だけでなく,非専門家である市民がその判断に関わるべきだという気運が高まっていた。例えば「科学はどのような立場のグループにも等しく利用され,時にはどのような価値判断にも活用できることになる。これは,ある意味科学の持つ普遍的な価値の証であろう。科学は,しかも,技術と結びつくことによって大きな影響力を人類にもたらしている,従って,今日の私たちに求められるのは,社会の中で科学をどう位置づけていくのかの判断力である」(内山・野上, 1995)や,「一般的に,科学者ではない人々と科学者との関係は現在のところ一方的で閉鎖的なものと言えるが,これを双方向的,民主的な状態へ作り変えることが重要である」(石川・鈴木, 1998),「このような問題を理解しそれに対する自分の態度を明確に表現することは,良識ある専門家と熱心な一部の非専門家に任せておくのではなく,より広く社会の構成員一人ひとりに望まれるべきことである」(石川・鈴木, 1998)にあるように,科学技術社会における科学や技術の在り方についての判断をすべて専門家に任せ

ておくのではなく，責任ある一市民として自分の態度を明確に表現できる判断力や意思決定能力の育成の必要性が指摘されていた。その判断力や意思決定力を扱い民主的な資質を養う教育としてSTS教育が期待されていたと考えられる。

(4) 海外のSTS教育が日本に紹介されたのを契機として

1980年代後半から90年代前半にかけて，イギリスのSISCON (Science In Social Context) -in-schools[21]，SATIS (Science & Technology in Society) プロジェクト[22]，アメリカのSTSアプローチ等，海外のSTS教育が，この時期に日本に紹介された。

2．STS教育研究・実践が1990年代後半以降に減少した背景

前項で，STS教育研究・実践が90年代に日本で多く行われた背景を4つ挙げた。しかし，20年以上経過した現在も社会的な状況に大きな変化がみられないにも関わらず，図2-1のグラフからもわかるようにSTS教育の実践・研究は減少している。

そこで，本項では資料化した文献を検討した結果，STS教育実践・研究の減少の背景として考えられる点を以下に3点挙げる。

(1) STS教育推進のための組織的な活動がなかった

STS教育推進のためにどの様な方策がとられたのかという視点で，資料化した文献の調査を行ったところ，STS教育の普及を目的とする研究が数例みられたので以下に挙げる。

1) 理科教師へ調査から，STS教育の普及のための課題を明らかにした研究
   ① STS教育の実践にあたって，現在の努力で解決が可能な短期的な問

題として「適切な STS 教材やカリキュラムの不足」「授業を担当する教師の能力」「教師が STS を学ぶ機会の少なさ」を理科教師による調査から明らかにしたもの（TANZAWA, 1992）

②教師としてのキャリアが長いほど科学論的内容に対する意識が高いことや，教師個人のレベルでは科学論的内容に需要があることを明らかにし，STS 教育の普及は教員養成や教員研修が手がかりになるとしたもの（大辻・鶴岡, 1994）

2）STS 教育を実践する教師への支援策

STS・環境問題に関するメディア情報のデータベース作成に向けた取り組み（平賀・冨樫・福地, 1993）

3）STS 教育を行う必要性や意義について具体的な根拠を挙げた調査・研究

①学校教育で STS 教育を実践する根拠として大学入試の小論文には比較的多くの STS 的な問題が出題されており，その出題意図から大学側が受験生に求めている能力が STS 教育で育成しようとしている資質，能力と極めて親和度が高いということを明らかにした調査（大辻・春山・小川, 1997）

②純粋自然科学の知識の獲得は，STS リテラシーの向上を必ずしも約束しないことを明らかにし，市民が STS 問題に出会った時に適切な意思決定を行うための基礎としては，純粋自然科学を内容とする理科科目の履修だけでは足りないことを明らかにした調査（鶴岡・小菅・福井, 2008）

STS 教育の普及・推進を目的とする研究として上記の 3 点を挙げたが，いずれも個々の研究者の問題意識等によって研究・報告されたものであり，組織的な研究はほとんど見られなかった[23]。

(2) STS 教育の制度化へ向けた取り組みが低調なまま進展せず，教育内容・目標・方法・カリキュラム等が具体化されなかった

　STS 教育の定義や目的は，研究者によって幅があり合意は得られていない。しかし，同様に定義や目的について合意が得られていない環境教育は，環境教育をテーマとする国際会議が開催され，環境教育を専門とする学会が設立され，文部省の審議会の答申等では環境教育について言及され[24]，日本学術会議による検討会からも報告書が提出されている[25]。その結果，「環境教育指導資料」「環境の保全のための意欲の増進及び環境教育の推進に関する法律」等の制度化が進み，環境教育は広く一般に浸透したといっていいだろう。

　一方で STS 教育は，理科教育関連学会の大会での分科会の設置，専門雑誌における特集等はあったものの，学会等の組織をあげた STS 教育の制度化へ向けた表立った取り組みはなく，学術会議や国の審議会の報告書等に STS 教育を題名に含むものは見られなかった。その結果，STS 教育の制度化は進まず，その教育内容・目標・方法・カリキュラム・STS 教育の効果の測定方法や評価方法の検討等が一部の研究者による研究に留まったままであったため，組織的な検討や具体化がなされなかった。

(3) SISCON-in-schools や SATIS (Science & Technology in Society) プロジェクト等の海外のプログラムが日本に紹介されたものの，日本で開発されて一般化されたプログラムや教材がほとんどなかった

　SISCON を日本に紹介した渡辺 (1977) は「SISCON をそのまま日本の教育に広く取り入れることは，数多い文献・資料の入手の点から言っても，また討論に不慣れな日本の教師・学生の実状からみても，きわめて困難であろう」と指摘している。その後，海外の STS 教育が紹介され，日本においても STS 教育の教材開発・実践が進んだ。しかし，STS 教育に興味を持った一般の教師が参考にするような教材案や授業案が掲載された書籍，もしくは

教科書として作成された書籍は少ない（巻末資料4）。その結果，一部の熱心な研究者や教師らによってSTS教育が取り組まれたものの，その後教育現場への一般化は進まなかったと考えられる。

3．日本のSTS教育研究・実践の時系列的な傾向分析から得られる課題

本節で検討したSTS教育研究・実践が減少した理由から，以下の2点を導き出すことができる。1点目はSTS教育の「制度化へ向けた取り組みの停滞」の問題である。前項の（1）（2）で述べたように，STS教育の推進へ向けた組織的な支援がなかったためSTS教育の制度化へ向けた取り組みが低調なまま進展しなかったと考えられる。

2点目は，STS教育に興味関心を持って取り組もうと考えた「教師への支援不足」の問題である。前項の（1）（3）で述べたように，早い時期から教師への支援の必要性が指摘されていたにも関わらず，教材開発・提供等の具体的な支援が進まなかったため，STS教育研究・実践は問題意識を持った一部の熱心な教師の実践に頼らざるをえず，一般化されないまま次第に研究・実践が減少したと考えられる。

第4節　STS教育研究・実践の課題から得られる科学技術政策の形成過程への国民参画の基盤をつくる教育の論点

前節では，STS教育の時系列的な傾向の分析から，STS教育研究・実践が減少した背景として「制度化へ向けた取り組みの停滞」と「教師への支援不足」を挙げた。

そこで，本節では「制度化へ向けた取り組みの停滞」と「教師への支援不足」の2点について，資料化したSTS教育研究・実践の文献をさらに詳細に検討することによって，科学技術社会の未来の共創へ向けて科学技術政策の形成過程への国民参画の基盤をつくる教育を進めていくための課題を明ら

かにする。

1．STS教育の研究・実践が行われた教科は何か

STS教育の「制度化へ向けた取り組みの停滞」について検討するにあたって，まず，STS教育を担っていた主体を明確にするために，200以上の文献が発表されているSTS教育研究・実践を担っていた教科について調査を行う。STS教育研究・実践の先行研究の文献収集の段階で，STS教育が主に理科教育を中心に行われていることが想定されたので，理科教育以外での研究・実践がどの程度存在するのか調査した。以下にその概要を示す。

（1）社会科

社会科では，NCSS（National Council for the Social Studies：全米社会科教育協議会）が発表したSTSについての公式見解（今谷，1994，1996）や，SSEC（The Social Science Education Consortium：社会科学教育協議会）が開発した理科・社会科両方の教師に役立つSTS教材シリーズ（池上，1998）が，それぞれ今谷編著の一般書籍に紹介されている。さらに今谷（1996）は，STS教育について「STSカリキュラムは，自然科学と社会科学の内容を統合的に関連づけながら，現代社会における科学・技術のあり方について理解を深め，科学的リテラシーや技術的リテラシーを，それとかかわる社会的諸問題の解決への意思決定や市民としての行動のなかに効果的に活用していくことのできる能力を育成しようとする点で，社会科そのものであるということができる」としている。しかし，資料化した文献の中に，社会科におけるSTS教育に関する文献は，今谷が著者の一人である「環境リテラシーの育成とSTSカリキュラム」（河村・今谷・山本，1994）の1編のみだった[26]。その内容は，科学技術の発展が原因となって生じた社会問題の解決をめざす能力の育成という点で，社会科教育とSTS教育の関連性や共通点を見いだしている論考であった。

（2）技術科

　技術科における STS 教育の研究・実践として，本研究で資料化した文献の中に含まれていたものは 3 編であった。その 1 つは「科学と技術が表裏一体，相互補完の存在であるという教科理念を持つ『科学技術科』という教科を創設すべきである。〈中略〉第 1 分野，第 2 分野は従来の理科，第 3 分野を技術分野としても良い」（阿部，2006）とし，さらに「その分野の間を，例えば STS のような考え方の下で関連づけ，連携させるのが一番妥当であると思われる。1 つの教科として，科学的内容と技術的内容を『社会』との関わりで有機的に結びつけるのはそれほど困難なことではないだろうし，そのことによってこそ『科学技術』に対する『公共の知』としての適正・適切な判断力やモラルを育成できるのではないかと考えている」（阿部，2002）とあり，技術科の目標を加工技術等の習得にとどめず，科学と社会との関連性を扱う STS 教育の視点を取り入れて理科と有機的に結びつけ「科学技術科」とすることによって，教科の発展性を検討しているものであった。

　また，他の 2 編は教科書の内容分析を中心とした研究であった。それぞれ検定教科書の記載内容を 1 編は木工加工実習の分野（谷口・吉田，2001），もう 1 編はエネルギー変換に関する技術の分野（相澤，2012）について，科学的内容・技術的内容・社会的内容の出現数について分析したもので，どちらも技術科の授業において STS 教育を実践する可能性を論じたものであった。

（3）家庭科

　家庭科における STS 教育の研究・実践として，本研究で資料化した文献の中に含まれていたものは 3 編であった。その 1 つでは「家政学教育カリキュラムに STS 教育思想を導入する試みの理由は，家政学は本来，"統合"の原理を背景に，臨床家政学ともいうべきものをめざし，その独自性である『人間生活における人と環境との相互作用』，すなわちその関係性を研究対象とするからである」（住田，1991）のように，家庭科教育と STS 教育との間

に，日常生活に関する具体的な知識を広範囲に渡って扱う点や，人間生活と環境（社会）との関係性を扱うという点に共通点を見い出し，家庭科教育へのSTS教育思想の導入を提案している。また「家庭科教育に不可欠な"知識と行動の有機的関係"を可能にする一方法としてSTS教育に着目し，STS教育導入の家庭科教育を提起した。それは，学習者自らの生活の在り方を共同体という暮らしの中（市民生活）で問うものであり，その教育的基盤に『市民としての責任』を置く。また，その学習プログラムの総称を"HE-Com"（Home Economics in the Community：地域社会における家庭科）と名付けたが，それは，アメリカSTS理科カリキュラム，『"Chem Com"（Chemistry in the Community：地域社会における化学）』にならったものである」（住田・西野，1994）や，「『生態学的消費者教育』は，環境問題の一因とされる科学（science）や技術（technology）を，社会（society）との関連においてそのあり方を問い直すSTS教育の反省的視座から，個人の消費生活が環境に及ぼす影響を配慮した健全なライフスタイルを実現出来る人間の育成を目指す構想である」（井上・住田，2000）のように，消費者教育に，価値観を扱うSTS教育の視点の導入を試みたものであった。これら3編はいずれも住田の関わった一連の研究であり，STS教育を導入した新しい家庭科教育を提起したものであった。

（4）保健体育科

保健体育科におけるSTS教育の研究・実践として，本研究で資料化した文献の中に含まれていたものは1編であった。その内容は「環境が健康，疾病，安全，発育発達と関係することから，公衆衛生，健康教育，学校保健，STS等との関連が必要であること」（内山，1999）や「STSが健康，安全の，社会の健康，安全と関係する構造をもっているように，環境教育もSTSとの関係構造をもたなくてはならない」（内山，1999）にあるように，保健教育における環境教育の在り方に関する記述の中で，狭義の環境教育に

は含まれない事柄を指し示すためにSTSの概念を引用したものであった。

　社会科，技術科，家庭科，保健体育科の4教科ともに，それぞれの教科からSTS教育に接近し，STS教育の社会的側面を取り込むことによって，各教科の学習領域の拡大を図っているものであった。

　しかし，いずれもSTS教育を各教科の発展のための手段としているものであり，STS教育のカリキュラムや教材開発及び実践等の具体的な例はなく，これらの教科ではSTS教育についての議論は進まなかったといってよい。

（5）その他（国語科，算数・数学科）

　国語科におけるSTS教育の実践は本研究で資料化した文献中にはなかったが，『「STS教育」理論と方法』（野上・栗岡編，1997）の中に「医学の進歩と生命倫理を考える」をテーマに小論文やディベートを中心に取り組まれた国語表現における実践（高田，1997）があった。

　また，算数・数学科におけるSTS教育の研究・実践は本研究で資料化した文献の中にはなかった[27]。

（6）各教科以外でのSTS教育

　学校におけるSTS教育は，各教科内で実施されるものに限定されるわけではない。例えば，教科間のクロスカリキュラムによるSTS教育，STS科のような1つの科目におけるSTS教育，総合的な学習の時間の中でのSTS教育等の多様な形態が考えられる。このような取り組みの例として，STS教育の考え方を導入した「人間生活ベースの新理科」「人間生活ベースの新家庭科」の授業を構想し，食物の消化吸収と栄養について，理科と家庭科のねらいを理科教師と家庭科教師がティームティーチングによって相互補完しながら行った実践（野上・小谷・椹木，1994）があった。また，『「STS教育」理論と方法』（野上・栗岡編，1997）の中で，現代社会における環境問題の授

業において，酸性雨に関する化学実験を導入したクロスカリキュラムの授業（陶山，1997）が行われていた。しかし，STS 教育には様々な実践形態が考えられるものの，この 2 例しか見あたらなかった[28]。

(7) 学校教育以外での STS 教育

STS 教育の実践例は，学校教育だけでなく社会教育等にもあり，社会教育主事認定講習会における「STS 教材モジュール作成実習」(OGAWA, 1992)，STS 教育やキャリア教育を意識した現職教員の民間企業研修（藤岡，2004）の 2 例があった。

中等教育での STS 教育はどの教科で行うべきかという問いに対して，「STS は理科教育を越える幅広い分野を対象とする。中等教育において，理科教育が STS 教育の有効な場の 1 つであることは言うまでもないが，同時に社会科やその他の諸科目も，STS の実践の場となりうるというのが，研究者としての筆者の立場である」（中島，1993）のように，STS 教育の領域は極めて広範であるため理科教育だけではおさまらないし，おさめるべきではないという主張がある。また，「理科教育が STS 教育実践の重要な場の 1 つであることは間違いない。だが，理科には科学の原理を教育するという本来の機能がある。これをおろそかにすべきとは思わないから，理科の中でSTS 教育にさく時間はおのずから限度があるのではないだろうか。国語科，社会科，家庭科なども，STS 教育実践の重要な場となりうるはずである」（中島，1997）のように，時間の制約を理由に理科以外の教科での STS 教育実践を進める主張がある。

しかし，本章において収集・資料化した STS 教育研究・実践の文献224件のうち，理科以外の教科による研究は社会科 1 件，技術科 3 件，家庭科 3 件，保健体育科 1 件であった。また，学校教育以外の実践も 2 件であった。したがって，STS 教育には多様な実施形態が考えられるものの，そのほと

んどが「学校」での「理科教育」におけるものであることが明らかになった。

　科学技術社会の未来の共創へ向けた科学技術政策の形成過程への国民参画の基盤づくりにおいて教育の果たす役割は大きい。したがって，理科，社会科，家庭科等の各教科は，科学技術政策の形成過程への国民参画との接点を検討して授業を行い，さらに，各教科間で横断的に連携したクロスカリキュラムの開発を進めていくべきである。また，実施から15年以上が経過した「総合的な学習の時間」についても蓄積された実践の検証を行い，科学技術政策の形成過程への国民参画を見据え再構築を行う必要がある。そして，その教育活動は学校にとどまることなく，家庭や社会においても行われるよう，生涯にわたっての教育計画の検討も重要である。

　しかし，その一方で科学技術に関連する様々な意思決定過程の民主化への取り組みがすでにはじまっていること，また，選挙権年齢が「20才以上」から「18才以上」に引き下げられたことから，中等教育で科学技術政策の形成過程への国民参画の基盤をつくる教育を行う重要性は一層高まっており，その実施は喫緊の課題である。早急に実践を進めなければならない現状を勘案すると，STS教育研究・実践の多くを担っていた理科教育が，科学技術社会の未来の共創へ向けた科学技術政策の形成過程への国民参画の基盤をつくるための教育の一翼を担わなければならないといえよう。

　そこで，現在の教育政策下における理科の授業の中で，科学技術社会の未来の共創へ向けた科学技術政策の形成過程への国民参画を見据え，科学技術政策への関心の喚起及び参画意識の向上を目的として，科学技術の発展を起因とする社会問題を題材に，学習者主体の議論を通して意思決定や合意形成を図る学習活動はどの様に位置付けられているのか，また授業の実施は可能なのか，次章（第3章）で検討する。

2. 科学技術政策の形成過程への国民参画の基盤をつくる教育を進めるための方策

　第1章では，科学技術社会の未来の共創へ向けた科学技術政策の形成過程への国民参画にあたって，科学技術の成果及び便益を享受するための意見や要望を伝えるだけではなく，科学技術の可能性と条件，リスクやコスト，倫理面に配慮した意思決定や合意形成を図ることが求められていることを明らかにした。また前節の第2項で，STS教育に興味をもった教師が参考にするような，教材案や授業案を掲載した教科書として作成された書籍が少なかったこと等「教師への支援不足」を課題として指摘し，教師への支援策の必要性を述べた。そこで本項では，STS教育研究・実践の中で科学技術の発展を起因とする社会問題を題材に，学習者主体の議論を通して意思決定や合意形成を図る学習活動を行っている実践例を取り上げ，「教師への支援不足」の視点から学習者主体の議論を行う上での課題を明らかにする。

　STS教育実践の中で，学習者主体の議論を通して意思決定を図る取り組みとして，「科学の基礎にたちかえり問題点を追求していく過程を重視し，対象となる問題を社会背景とともに理解することで生徒自らの価値観を明確にさせ，行動につながる判断基準の発見をねらった，イシューズアプローチによる『原子力エネルギー』に関するカリキュラム開発」（原田・木村，2000）や，小林公吉著『原子力と人間』を生徒人数分揃え，様々なビデオや資料やプリントを通して議論を行う学習を行い原子力に対して自分の考えを述べられるように導く事例（池田，2011）等が挙げられる。これらは，学習者主体の議論を通して自分の考えを明確にさせ意思決定を図る先駆的な事例である。しかし，この様な事例の報告には学習者主体の議論を成立させるための具体的な手段や意思決定に至らせるための方法が示されていないことが多い。

　STSアプローチによる高校「理科総合A」のエネルギーに関する27時間

にわたる実践の26時間目に,エネルギー資源と環境保全の在り方について学習者主体の話し合いを行っている事例において「予め学習事項をまとめ,エネルギー,資源と環境保全の在り方について作文を書かせ,実施した活動も文章でまとめたにも拘わらず,自発的に発言した生徒は僅かに4名であった」(栢野,2001)にあるように,教師に取り組む意欲があっても,議論や対話を中心とした授業を成立させることが難しいことを多くの教師が経験している。したがって,学習者主体の議論を通して意思決定させる場面を,技量の高い教師の存在や対話が成立しやすいクラスの雰囲気といった条件が整った時だけでなく,多くの教師が比較的容易に設定することが可能な手法や教材を用意することが急務である。

学習者主体の議論の成立を助ける手法の1つに,CSCL(Computer Supported Collaborative Learning)システムを利用した意見や質問の共有化が挙げられる。原子力発電を題材として取り上げ,社会的意思決定における「問題を定義すること」の学習を支援する事例(坂本・山本・山口・稲垣,2007)(山本・坂本・山口・稲垣,2007)があり,コンピュータを活用した協調学習は将来的に有効な手段である。しかし,システムの整備・管理・費用等の面で課題もあり,普及にはまだ時間がかかるであろう。

学習者主体の議論の成立を助けるもう1つの手法としてディベートが挙げられ,授業にディベートを取り入れることによる環境倫理観の形成の可能性を探った実践(山本・木谷,1996)等がある。「学校における環境教育では,1つの立場のみに依拠することには慎重でなければならない」(鶴岡,2009)は多くの教師が心することであり,科学技術政策における意思決定のような価値判断の伴う問題に触れるのは,教師は立ち位置が気になり取り組みには慎重にならざるを得ない。しかし,教師が中立の立場で意思決定を求めることができるゲーム性の強いディベートのような手法は,科学技術の発展を起因とする社会問題を扱うのに適した手法の1つといってよいだろう。反面,ディベートは二者択一的な選択を否応なく求められるうえに,意見が対立し

たままで終了するため，主張や譲歩を繰り返しながら合意形成に至るプロセスが存在しないという課題もある。現実の社会生活では，この二者択一をなるべく回避しながら選択肢間の調整や妥協を繰り返し合意を形成しなければならない。様々な情報を批判的に吟味して判断したうえで，葛藤を丁寧に解消しながら自分の意見や考えを持つことが大切であり，このような過程を重視する手法の開発が必要である[29]。

科学技術社会の未来の共創へ向けて科学技術政策の形成過程への国民参画の基盤をつくる教育を学校教育で行うにあたって，「教師への支援不足」の視座からSTS教育研究・実践を分析した。その結果，科学技術の発展を起因とする社会問題を題材に，二者択一をなるべく回避しながら，選択肢間の調整や妥協を繰り返し，学習者主体の議論を通して意思決定や合意形成を図る学習活動を行うための手法を開発し，教師が選択する手法の選択肢を増やすことが有効であると考えられる。そこで，この様な手法を探し，その手法を応用した授業の開発・試行を第Ⅱ部で行う。

第5節　小括

本章では，科学技術社会の未来の共創へ向けた科学技術政策の形成過程への国民参画の基盤をつくる教育の先行研究としてSTS教育を取り上げ分析を行った。特にSTS教育研究・実践が1990年代に多く行われたものの1990年代後半になって減少している点に焦点をあてて検討し，その理由としてSTS教育の「制度化へ向けた取り組みの停滞」「教師への支援不足」の2つを挙げた。さらに，この2点について，資料化したSTS教育研究・実践の文献を詳細に検討し，科学技術社会の未来の共創へ向けた科学技術政策の形成過程への国民参画の基盤をつくる教育の在り方を研究するにあたっての本研究の方向性を定めた。以下に2点示す。

①科学技術社会の未来の共創へ向けた科学技術政策の形成過程への国民参画の基盤をつくる教育を，STS教育の「制度化へ向けた取り組みの停滞」の視座から検討した結果，「学校」における「理科教育」の役割が大きく，科学技術政策の形成過程への国民参画の基盤をつくる教育の一翼を理科教育が担う妥当性及び必要性が明らかになった。そこで，科学技術政策の形成過程への国民参画を見据え，科学技術政策への関心の喚起及び参画意識の向上を目的として，科学技術の発展を起因とする社会問題を題材に，学習者主体の議論を通して意思決定や合意形成を図る学習活動の，現在の教育政策下の理科授業における実施の可否や可能性について，次章（第3章）で検討を行う。

②科学技術社会の未来の共創へ向けた科学技術政策の形成過程への国民参画の基盤をつくる教育を学校で行うにあたって，「教師への支援不足」の視座からSTS教育研究・実践を分析した結果，学習者主体の議論を通して意思決定や合意形成を図る学習活動を行うための手法を開発し，教師に提供することが有効であると考えられる。そこで，そのための手法を探し，その手法を利用した授業の開発・実践を，第Ⅱ部以降で行う。

註
1）資料化の対象として選定したものは，論文だけでなく紹介記事等も含めたので，本書においては以降，文献と表記する。
2）内容を詳細に検討したうえで文献を選定しているわけではないため，不充分な点もあるが可能な限り私見を排するために，本研究ではこの方法で文献の選定を行った。
3）Science, Technology and Society も含む。
4）例えば，科学的思考力（Scientific thinking skills），梅毒血清反応（Serologic Test for Syphilis），宇宙輸送システム（Space Transportation System）等。
5）STSにE（環境 Environment）を加えたSTSEも科学教育学会の大会で提唱されている（鈴木・原田，1992）。また，カナダにおける科学的リテラシーのビジョンの研究の中でもSTSEについての報告がある（小倉，2005）。しかし，本研究にお

いて資料化の対象とした文献中にはSTSEを含む文献はなかった。
6) STS educationはSTS教育，STS approachはSTSアプローチとした。
7) STLアプローチは，小中学生対象のSTS教育において「社会 – Society」にまで目を向けさせるのは難しいとして，「社会 – Society」を最も身近な社会である「生活 – Life」に置き換えたものである（平賀，1994）。
8) 情報検索システムを利用するのではなく，学会誌・専門雑誌等の目次を利用して調査を行った。
9) タイトルに科学技術社会という用語を含む書籍や，理科教育全般をまとめた解説の中でSTS教育について触れている書籍は多く存在する。しかし本研究では，タイトルにSTSを含み教育を主たる分野としている書籍だけを巻末資料にまとめた。
10) 調査を行ったが，STS教育に関する論文等の掲載がなかった学会誌等を以下に示す。
『科学』（岩波書店），『日経サイエンス』（日本経済新聞社），『現代教育科学』（明治図書），『教育』（国土社），『教育学研究』（日本教育学会），『カリキュラム研究』（日本カリキュラム学会），『理科教室』（科学教育研究協議会），『日本数学教育学会誌・数学教育学論究』（日本数学教育学会），『日本数学教育学会誌・数学教育』（日本数学教育学会），『日本数学教育学会誌・算数教育』（日本数学教育学会），『全国数学教育学会誌・数学教育学研究』（全国数学教育学会），『数学教室』（数学教育協議会），『教育科学 数学教育』（明治図書），『教育科学 算数教育』（明治図書），『日本産業技術教育学会誌』（日本産業技術教育学会），『産業教育学研究』（日本産業教育学会），『技術教育研究』（技術教育研究会），『技術教室』（産業教育研究連盟），『日本家庭科教育学会誌』（日本家庭科教育学会），『日本家政学会誌』（日本家政学会），『社会科教育研究』（日本社会科教育学会），『社会科研究』（全国社会科教育学会），『公民教育研究』（日本公民教育学会），『歴史地理教育』（歴史教育者協議会），『社会科教育』（明治図書）
11) 分析にあたっては「我が国における科学技術リテラシーの基礎文献・先行研究の分析」（長崎・阿部・斉藤・勝呂，2005）を参考にした。
12) 科学研究費助成金による研究の中で，複数年にわたって研究が行われているものは，報告書が提出された最終年を発表した年としてグラフを作成した。
13) 長洲（1987）の論文中にSTS教育の用語が使用されているものの，本研究における資料化対象の文献の選定条件（第1節 2.）には該当していないので，STS教育研究・実践の文献として巻末にまとめた224編の文献には含まれていない。また，図2 – 1のグラフにも含まれていない。

14) 1979年にSISCONを日本に紹介した里深文彦監訳による,『科学・技術・社会をみる眼：相互作用解明への知的冒険』(Gibbons, M. and Gummett, P. 編, 1987) が同時期に出版されている。監訳の理由に「これまでの科学の成果を上から下に教育するための科学教育にかわって,科学研究がいかにして行われるか,その仕組みを,批判的に社会との関連において,民衆の立場から明らかにしていく教育が,今何よりも求められていると思う」と,教育について言及しているものの,STS教育に関する記載はない。
15) 1989年に理科教育学会,科学教育学会の大会で題名にSTS教育を含む研究が発表されている。また,カシオ科学振興財団助成研究報告書『科学技術社会における市民教育としての科学技術教育』(小川,1989) ではSTS教育について詳細に論じられている。
16) 以降,学会誌,専門雑誌,研究紀要等を学会誌等と表記する。
17) この時期にSTS Network Japan, STS関西, STS教育研究会等のSTS教育に関わる団体も発足している。
18) 日本理科教育学会の2018年の全国大会でも環境学習・STS教育・総合的学習の分科会が設けられている。
19) 引用文の下線　　は,強調のために筆者が付したものである。以降の引用文の下線も同様である。
20) 環境教育とSTS教育については鈴木・原田・玉巻 (1990),熊野 (1991),松原 (1993),沼尻・芳賀 (1993) に詳しい。
21) 例えば,小川正賢 (1993)「理科におけるSTS教育　SISCON-in-Schoolsに見るSTS教育の実際」『理科の教育』第42巻,第11号,pp.25-28.
22) 例えば,栗岡誠司・野上智行 (1992)「イギリスにおけるSATISプロジェクトの開発理念と指導法の特色」『日本理科教育学会研究紀要』第33巻,第2号,pp.17-25.
23) 教育に特化した団体ではないがSTS Network Japanが組織されたり,科学研究費助成事業による複数名の研究者による研究が行われたりすることはあったが,それ以上には発展していない。
24) 中央教育審議会　第一次答申「21世紀を展望した我が国の教育の在り方について」の第3部「国際化,情報化,科学技術の発展等社会の変化に対応する教育の在り方」の第5章に「環境問題と教育」が設けられている (文部省,1996)。
25) 例えば,「学校教育を中心とした環境教育の充実に向けて」(日本学術会議　環境学委員会　環境思想・環境教育分科会,2008),「高等教育における環境教育の充実に

向けて」(日本学術会議 環境学委員会 環境思想・環境教育分科会, 2011) が提言されている。
26) 2009年に出版された『公民教育辞典』(日本公民教育学会編, 2009) に「STS教育」の用語は掲載されていない。社会科ではSTS教育はほとんど普及・浸透していないといってよい。
27) 算数・数学教育関連学会の大会においてSTS教育に関連する発表が2件あった。うち1件は,水不足を核とした授業において,社会的な影響の学習や雨水を貯める装置の検討の他に「雨量の測定」「比例の考え方」「単位面積当たりの考え方」等を取り入れた実践 (向平・松井, 1995) であった。
28) 大隅・立本 (2003) は「総合的な学習の時間」用のSTS教材開発を行っているが実施はしていない。
29) 本文中ではディベートについて批判的に論じたが,ディベートを応用した教育の中にも,JICAの職員が審査員をつとめ,アフリカの国への援助支援策を2チーム間で提案し合う実社会への働きかけを意識した実践も見られる (鹿野, 2003)。この事例では,互いの提案を批判するだけでなく,尊重し学び合いながら妥協点を見つける姿勢がうかがえるうえに,ディベート後にこの提案の一部を修正して実際にJICAの職員に提案を行っている。

引用文献

阿部二郎 (2002)「普通教育における技術教育科目の再構想―中学校を事例として―」『日本教科教育学会誌』第25巻, 第3号, pp.81-84.

阿部二郎 (2006)「普通教育としての技術教育科目をどのように構想するべきか (2):「『科学技術』科構想の根拠」『日本教科教育学会誌』第28巻, 第4号, pp.85-88.

相澤崇 (2012)「中学校技術科『エネルギー変換に関する技術』の内容とSTS教育との関連―平成24年度版検定教科書の記述内容の分析を通して―」『エネルギー環境教育研究』第7巻, 第1号, pp.61-66.

東洋・大橋秀雄・戸田盛和 編 (1991)『理科教育辞典 教育理論編』大日本図書, p.105.

フォーラムSTS (鬼頭秀一・小林傳司・下坂英・杉山滋郎・中島秀人) (1990)『サイエンスを再演する』北樹出版

Gibbons, M., Gummett, P. 編 (1987) 里深文彦監訳『科学・技術・社会をみる眼:相互作用解明への知的冒険』現代書館, p.5.

原田忠則・木村捨雄（2000）「イシューズアプローチによる『原子力エネルギー』に関するカリキュラム開発―多元的価値社会における合意形成にむけた問題解決能力の育成―」『科学教育学会研究会報告』第14巻，第6号，pp.29-34.

平賀伸夫（1994）「身近なものを教材化する　科学技術社会をより良く生き抜く・その2　STLアプローチによる実践例（1）理科と生活との密接な関係を理解させる」『楽しい理科授業』第26巻，第2号，pp.66-67.

平賀伸夫（1998）「科学技術社会における子どもの学びと理科学習指導のあり方　家族の教育力を活用したSTS教育―思慮深く考察できる生徒の育成をめざして―」『理科の教育』第47巻，第1号，pp.12-15.

平賀伸夫・冨樫麻也美・福地昭輝（1993）「中学校におけるSTS教育―環境問題を題材として―」『東京学芸大学紀要. 第4部門 数学・自然科学』第45巻，pp.109-117.

藤岡達也（2004）「現職教員への科学・技術・社会相互関連理解の機会としての民間企業体験研修について―教育現場・民間企業・教育委員会の連携による研修から―」『科学教育研究』第28巻，第1号，pp.60-71.

池田敏（2011）「高等学校・学習指導要領改訂における環境教育への期待と不安」『環境教育』第20巻，第3号，pp.25-30.

池上詠子（1998）「アメリカのSTSカリキュラムから学ぶ横断的・総合的な学習の新視点―STSプロジェクトにおける2つのモデル授業の実際―」今谷順重 編著『総合的な学習で特色のある学校をつくる』ミネルヴァ書房，pp.116-136.

今谷順重（1994）『子どもが生きる生活科の授業設計』ミネルヴァ書房，pp.17-41.

今谷順重（1996）『新しい問題解決学習と社会科の授業設計』明治図書，p.86.

井上静香・住田和子（2000）「総合学習としての『生態学的消費者教育』（STS家庭科）―『持続可能な開発』概念からのアプローチ―」『家庭科教育』第74巻，第3号，pp.31-37.

石川聡子・鈴木善次（1998）「大学生の持つ科学者像とその変容―IQ遺伝決定論史の教材化―」『大阪教育大学紀要. Ⅴ，教科教育』第47巻，第1号，pp.121-128.

鹿野敬文（2003）「高校生の知的な対話力育成の試み―援助計画案の作成と新しいディベートの活用を通して―」『異文化間教育』第18巻，pp.109-118.

河村由記子・今谷順重・山本克典（1994）「環境リテラシーの育成とSTSカリキュラム」『神戸国際大学紀要』第46巻，pp.68-83.

栢野彰秀（2001）「STSアプローチによる高等学校『理科総合A』のカリキュラム開発―単元『資源の利用と自然環境』を中心として―」『広島大学大学院教育学研

究科紀要』第50巻，pp.55-64.

木谷要治（1991）「新学習指導要領と理科の研究の問題点」『理科の教育』第40巻，第1号，pp.8-12.

小林公吉（2005）『原子力と人間』菁柿堂

熊野善介（1991）「STSアプローチと環境教育―アメリカ合衆国の最近の理科教育の動向その1―」『科学教育研究』第15巻，第2号，pp.68-74.

栗岡誠司・野上智行（1992）「イギリスにおけるSATISプロジェクトの開発理念と指導法の特色」『日本理科教育学会研究紀要』第33巻，第2号，pp.17-25.

松原克志（1993）「環境教育へのSTS的視点の導入」『環境教育』第2巻，第2号，pp.14-27.

文部省（1996）中央教育審議会　第一次答申「21世紀を展望した我が国の教育の在り方について」
　　http://www.mext.go.jp/b_menu/shingi/chuuou/toushin/960701.htm（最終確認日：2018年5月1日）

森本信也（1983）「アメリカにおける理科教育の動向（3）」『日本理科教育学会研究紀要』第23巻，第3号，pp.91-99.

向平決・松井智子（1995）「STSの考え方を生かした算数の授業研究」『科学教育学会年会論文集』第19巻，pp.169-170.

長崎栄三・阿部好貴・斉藤萌木・勝呂創太（2005）「我が国における科学技術リテラシーの基礎文献・先行研究の分析」
　　http://www.jst.go.jp/csc/science 4 All/link/download/sub 1 -004.pdf（最終確認日：2018年5月1日）

長洲南海男（1987）「アメリカの理科教育―危機から卓越性の追求へ―」『理科の教育』第36巻，第8号，pp.9-14.

中島秀人（1991）「『科学見直し』の見直し」小林傳司・中山伸樹・中島秀人 編著『科学とは何だろうか』木鐸社，pp.253-274.

中島秀人（1993）「生物教育におけるSTS教育の可能性―10―STSネットワークジャパンの活動」『遺伝』第47巻，第9号，pp.64-68.

中島秀人（1997）「現代社会における科学技術―STS教育はなぜ必要か―」野上智行・栗岡誠司 編著『「STS教育」理論と方法』明治図書，pp.11-27.

中山玄三（1992）「理科教育と科学と社会　科学，技術及び社会を結びつける教育の基本的な考え方」『理科の教育』第41巻，第12号，pp.12-15.

日本学術会議（2008）「提言 学校教育を中心とした環境教育の充実に向けて」

http://www.scj.go.jp/ja/info/kohyo/pdf/kohyo-20-t62-13.pdf（最終確認日：2018年5月1日）

日本学術会議（2011）「提言 高等教育における環境教育の充実に向けて」
　　http://www.scj.go.jp/ja/info/kohyo/pdf/kohyo-21-t135-4.pdf（最終確認日：2018年5月1日）

日本公民教育学会編（2009）『公民教育辞典』第一学習社

日本理科教育学会編（1992）『理科教育学講座6 理科教材論（上）』東洋館出版社，pp.267-354.

日本理科教育学会編（1998）『キーワードから探るこれからの理科教育』東洋館出版社，pp.96-101.

野上智行・栗岡誠司 編著（1997）『「STS教育」理論と方法』明治図書

野上智行・小谷卓・椹木由紀（1994）「STS教育の教材開発と授業 理科と家庭科教師による異種教科ティームティーチング」『楽しい理科授業』第26巻，第11号，pp.54-59.

沼尻良一・芳賀和夫（1993）「STS（科学－技術－社会）教育と環境教育―日本型STS環境教育カリキュラムの開発―」『筑波大学学校教育部紀要』第15巻，pp.11-26.

OGAWA Masakata（1992）「Awareness of prospective Community Education Leaders STS Related Global Problems」『日本理科教育学会研究紀要』第33巻，2号，pp.9-16.

小川正賢（1989）カシオ科学振興財団助成研究報告書『科学技術社会における市民教育としての科学技術教育』

小川正賢（1993）「理科におけるSTS教育　SISCON-in-Schoolsに見るSTS教育の実際」『理科の教育』第42巻，第11号，pp.25-28.

小倉康（2005）「科学的リテラシーと科学的探究能力」
　　http://www.nier.go.jp/ogura/TokuteiRep0602.pdf（最終確認日：2018年5月1日）

大洲隆一郎（1991）「STS理科カリキュラムに関する基礎的研究Ⅰ―STS教育運動についての科学論的考察―」『日本理科教育学会研究紀要』第31巻，第3号，pp.37-47.

大隅紀和・立本三郎（2003）「エジソンゆかりの地域，学校，関係者を訪ねる現地調査―科学技術社会（STS）教育と総合学習，または総合演習の教材カリキュラム開発の事例研究―」『教育実践研究紀要（京都教育大学教育学部附属教育実践総

合センター)』第 3 巻，pp.95-101.

大辻永・鶴岡義彦（1994）「高等学校理科新設科目及び STS 教育の科学論的内容に対する教師の評価」『科学教育研究』第18巻，第 4 号，pp.205-215.

大辻永・春山貴子・小川正賢（1997）「大学入試小論文にみられる STS 問題の内容分析」『科学教育研究』第21巻，第 2 号，pp.92-100.

坂本美紀・山本智一・山口悦司・稲垣成哲（2007）「科学技術問題の社会的意思決定における『問題を定義すること』の学習を支援するカリキュラム原子力発電問題を取り上げた事例の評価」『日本科学教育学会年会論文集』第31巻，pp.443-444.

住田和子（1991）「家政教育学の構想（3）新しい家政倫理とカリキュラムの統合―STS 教育思想の導入―」『広島大学教育学部紀要．第二部』第40巻，pp.169-176.

住田和子・西野祥子（1994）「環境問題と消費生活問題―生態学的消費者教育と STS―」『家庭科教育』第68巻，第 9 号，pp.69-78.

陶山浩（1997）「『現代社会』からの STS 教育へのアプローチ」野上智行・栗岡誠司編著『「STS 教育」理論と方法』明治図書，pp.94-106.

鈴木善次（1990）「理科における環境教育のあり方―そのいくつかの視点―」『理科の教育』第39巻，第 8 号，pp. 8 -11.

鈴木善次・原田智代（1992）「歴史的視点を含む STSE 教材の開発と実践」『日本科学教育学会年会論文集』第16巻，pp.29-30.

鈴木善次・原田智代・玉巻佐和子（1990）「環境教育と STS 教育との関連性についての諸考察」『大阪教育大学紀要．V，教科教育』第39巻，第 1 号，pp.85-94.

高田真理子（1997）「『国語表現』からの STS 教育へのアプローチ―題材を科学技術分野に求める小論文指導の試み―」野上智行・栗岡誠司 編著『「STS 教育」理論と方法』明治図書，pp.77-94.

田中賢二・柿原聖治（1991）「アメリカにおける STS の実態と研究動向― ERIC データベースの文献分析を通して―」『日本理科教育学会研究紀要』第32巻，第 1 号，pp. 1 -11.

谷口義昭・吉田映（2001）「STS 教育と総合的な学習の時間への対応について―教科書分析と技術科教師の意識調査を通して―」『奈良教育大学教育研究所紀要』第37巻，pp. 1 - 7 .

丹沢哲郎（1991）「BSCS における人間の遺伝学教育の展開と STS アプローチ」『教育学研究集録』第15巻，pp.133-143.

TANZAWA Tetsuro（1992）「Japanese Science Teachers' Perception of Science and Technology Related Global Problems and the STS Approach」『科学教育研

究』第16巻，第3号，pp.115-125.
坪井雅史（1994）「STS 教育の意味」『倫理学研究（広島大学倫理学研究会）』第7巻，pp.89-96.
鶴岡義彦（1999）「HOSC の開発理念と構成視点—アメリカにおける STS 教育の源流としての『科学事例史法』」『千葉大学教育学部研究紀要．I，教育科学編』第47巻，pp.97-109.
鶴岡義彦（2009）「学校教育としての環境教育をめぐる展望と課題」『環境教育』第19巻，第2号，pp.4-16.
鶴岡義彦・小菅諭・福井智紀（2008）「純粋自然科学の知識があれば STS リテラシーもあると言えるか—3タイプのテストによる調査研究から—」『千葉大学教育学部研究紀要』第56巻，pp.185-194.
内山源（1999）「環境教育カリキュラムの要素と構造の問題点とその改善—高等教育における問題点・健康教育，STS 等との関連—」『茨城女子短期大学』第26巻，pp.153-174.
内山裕之・野上智行（1995）「STS 教育の教材開発と授業　地域にこだわった教材の開発」『楽しい理科授業』第27巻，第1号，pp.54-59.
梅埜國夫（1993）「理科における STS 教育　STS 教育の理念と理科にとっての意味」『理科の教育』第42巻，第11号，pp.9-12.
渡辺正雄（1977）「新しい科学教科書 SISCON について」『物理教育』第25巻，第1号，pp.25-26.
山本秀行・木谷要治（1996）「授業にディベートを取り入れることによる環境倫理観の形成の可能性についての一考察」『日本理科教育学会研究紀要』第37巻，第1号，pp.1-11.
山本智一・坂本美紀・山口悦司・稲垣成哲（2007）「科学技術問題の社会的意思決定における『問題を定義すること』の学習を支援するカリキュラム：原子力発電問題を取り上げた事例の開発」『日本科学教育学会年会論文集』第31巻，pp.441-442.
Ziman, J.（1988）竹内敬人・中島秀人訳『科学と社会を結ぶ教育とは』産業図書

第3章　科学技術政策の形成過程への国民参画に向けた理科教育の課題

　第1章では，国民が科学技術政策の企画立案及び推進に参画する主体として位置付けられていることを明らかにし，科学技術社会の未来の共創へ向けた科学技術政策の形成過程への国民参画の基盤をつくる教育の在り方を研究する必要性について述べた。また，第2章 第4節では，STS教育研究・実践の多くが理科教師によって行われていたことから，科学技術社会の未来の共創へ向けた科学技術政策の形成過程への国民参画の基盤をつくる教育の一翼を，理科教育が担う妥当性及び必要性について提起した。

　そこで本章では，科学技術政策の形成過程への国民参画を見据え，科学技術政策への関心の喚起及び参画意識の向上を目的として，科学技術の発展を起因とする社会問題を題材に，学習者主体の議論を中心に意思決定や合意形成を図る授業を行うにあたって，近年の教育政策下における実施の可否や可能性の現状を把握するため，中等理科教育の学習指導要領解説理科編を資料に調査を行う。学習指導要領解説理科編を分析資料としたのは，国が示す理科教育の目標，内容及び方法等の基本方針を把握するためであり，また，教育現場で記載内容のすべてが展開されているとは限らないが，実際の教育現場で実施されている学習内容であると考えられるからである。

第1節　中学校学習指導要領解説理科編の分析

　中学校理科では，1998年告示の学習指導要領から，第1分野（7）「科学技術と人間」，第2分野（7）「自然と人間」が設けられた[1]。そこで，本節では1998年発行及び2017年発行の中学校学習指導要領解説理科編，第1分野

（7）「科学技術と人間」，第2分野（7）「自然と人間」の内容を分析する。

1. 1998年発行　中学校学習指導要領解説理科編

1998年発行の中学校学習指導要領解説理科編から，科学技術の発展を起因とする社会問題を扱い，科学技術政策について意思決定や合意形成を図る学習活動の実施の可否や可能性に関する記述箇所を以下の表3-1に示す。

第1分野（7）「科学技術と人間」では，「科学技術の開発・利用による環境への影響なども大きな問題」と科学技術の発展を起因とする社会問題について扱っている。また，科学技術の発展による人間生活の豊かさや便利さを最優先とはしない「環境と調和ある発展」という表現が用いられていたり，第2分野（7）「自然と人間」では，自然がもたらす恩恵（美しい景観，資源

表3-1　中学校学習指導要領解説理科編（1998年発行）における科学技術の発展を起因とする社会問題を扱い，科学技術政策について意思決定や合意形成を図る学習活動の実施の可否や可能性に関する記述部分（文部省，1998）

理科第1分野
（7）科学技術と人間
イ　科学技術と人間
　　〔途中省略〕[2)]
　　科学技術は人間生活を豊かにしているが，その一方で，科学技術の開発・利用による環境への影響なども大きな問題[3)]となっている。このことから，科学技術の重要性を認識するとともに，環境と調和ある発展が大切であることを認識させるようにする。
　　〔以降省略〕

理科第2分野
（7）自然と人間
イ　自然と人間
　　〔途中省略〕
　　ここで自然の恵みや自然災害を調べるねらいは，自然の営みについて理解し自然への畏敬の念を育てるとともに，自らが生きていく上で自然を多面的・総合的に見ることができるようにすることである。
　　〔以降省略〕

等）や災害（地震，津波，台風，洪水等）の学習のねらいの1つに「自然への畏敬の念を育てる」が挙げられており，理科教育の内容に科学の知識や法則だけでなく，未来の社会像を見据えた価値観の育成を目的とした内容が含まれている。

2．2008年発行　中学校学習指導要領解説理科編

　2008年発行の中学校学習指導要領解説理科編から，科学技術の発展を起因とする社会問題を扱い，科学技術政策について意思決定や合意形成を図る学習活動の実施の可否や可能性に関する記述箇所を以下の表3-2に示す。

　2008年発行の中学校学習指導要領解説理科編では，従来の理科教育では使用されてこなかった「意思決定」という用語が，教科・第1分野・第2分野のそれぞれの目標の中で使用されている。第1分野・第2分野ともに，その目標には「科学的な思考力や判断力が育成され，自然と人間が調和した持続可能な社会をつくっていくための意思決定ができるよう指導」と，理科教育の目的の1つである「科学的な思考力や判断力」の育成の後に，学習者の思いである「意思」を反映させる取り組みの実施が想定されている。

　また「自然と人間が調和した持続可能な社会をつくっていくための意思決定」は，科学技術政策の形成過程への国民の参画と同様に，科学的な根拠だけでは判断することが困難な条件下で意思決定しなければならない。このような目標設定が学習活動にも反映され「科学技術の負の側面にも触れながら」「科学技術の利用の長所や短所を整理」「同時には成立しにくい事柄」といった意思決定する上で留意すべき科学技術の可能性と条件についても明記されている。

3．2017年発行　中学校学習指導要領解説理科編

　2017年告示の中学校学習指導要領は，主体的・対話的で深い学びの視点からの授業改善の推進で象徴されるように，学習方法及び学習を通して育成す

表3-2 中学校学習指導要領解説理科編（2008年発行）における科学技術の発展を起因とする社会問題を扱い，科学技術政策について意思決定や合意形成を図る学習活動の実施の可否や可能性に関する記述部分（文部科学省，2008）

第2章　理科の目標及び内容
第1節　教科の目標
　〔途中省略〕
　　とりわけ，自然環境の保全や科学技術の利用に関する問題などでは，人間が自然と調和しながら持続可能な社会をつくっていくため，身の回りの事象から地球規模の環境までを視野に入れて，科学的な根拠に基づいて賢明な意思決定ができるような力を身に付ける必要がある。

第2節　各分野の目標及び内容
1　第1分野の目標
　〔途中省略〕
　　このような学習を通して，自然の仕組みや働きについての総合的な見方が養われるとともに，科学的な思考力や判断力が育成され，自然と人間が調和した持続可能な社会をつくっていくための意思決定ができるよう指導することが大切である。

2　第1分野の内容
（7）科学技術と人間
イ　科学技術の発展
　〔途中省略〕
　　その際，科学技術の負の側面にも触れながら，それらの解決を図る上で科学技術の発展が重要であることにも気付かせる。
ウ　自然環境の保全と科学技術の利用
　〔途中省略〕
　　指導に当たっては，設定したテーマに関する科学技術の利用の長所や短所を整理させ，同時には成立しにくい事柄について科学的な根拠に基づいて意思決定を行わせるような場面を意識的につくることが大切である。
　〔以降省略〕

1　第2分野の目標
　〔途中省略〕
　　このような学習を通して，自然の仕組みや働きについての総合的な見方が養われるとともに，科学的な思考力や判断力が育成され，自然と人間が調和した持続可能な社会をつくっていくための意思決定ができるよう指導することが大切である。

る資質・能力に焦点化して改訂されたため，2008年発行の中学校学習指導要領解説理科編の教育目標及び学習内容との間で大きな変更はない。したがって，2017年発行の中学校学習指導要領解説理科編においても，2008年発行の中学校学習指導要領解説理科編の考え方が引き継がれ，理科の目標の解説において「自然環境の保全や科学技術の利用に関する問題などでは，人間が自然と調和しながら持続可能な社会をつくっていくため，身の回りの事象から地球規模の環境までを視野に入れて，科学的な根拠に基づいて賢明な意思決定ができるような態度を身に付ける必要がある」（文部科学省，2017）と明記された。

また，1分野（7）科学技術と人間，2分野（7）自然と人間には「科学技術の負の側面にも触れながら」「同時には成立しにくい事柄を幾つか提示し，多面的な視点に立って様々な解決策を考えさせたり」等に配慮しながら，教師が「科学的な根拠に基づいて意思決定させる場面を設けることが大切」と明記されており，2008年発行の中学校学習指導要領解説理科編の考え方が継承され2021年度から施行される。

第2節　高等学校学習指導要領解説理科編理数編の分析

本節では，高等学校理科のうち，自然科学の各論を扱う物理・化学・生物・地学の各科目ではなく，科学全般を扱う科目である「総合理科」（1989年告示高等学校学習指導要領），「理科基礎」（1999年告示高等学校学習指導要領），「科学と人間生活」（2009年告示高等学校学習指導要領）の内容を分析する[4]。

1．「総合理科」（1989年告示の高等学校学習指導要領）

「総合理科」は，自然環境についての認識や理解を深めるための科目として，1989年告示の高等学校学習指導要領で新設された。この高等学校学習指導要領解説理科編理数編「総合理科」から，科学技術の発展を起因とする社

会問題を扱い，科学技術政策について意思決定や合意形成を図る学習活動の実施の可否や可能性に関する記述箇所を以下の表3-3に示す。

「総合理科」は，その目標に「物質資源・エネルギー資源・人間の生存の場としての自然環境の保全等について関心を高める」とあるように，科学技術の発展による自然への影響とその保全について関心を高めることが最終的なねらいとされている。また，内容の解説文中には「原子力の利用とその安全性の問題」や「人間生活を豊かにする反面，使い方によっては危険な場合もある」のように，先進的な科学技術の可能性だけでなく，環境や健康へのリスクについても言及されている。さらに「両者の調和」といった，科学技

表3-3 高等学校学習指導要領解説理科編理数編（1989年発行）における科学技術の発展を起因とする社会問題を扱い，科学技術政策について意思決定や合意形成を図る学習活動の実施の可否や可能性に関する記述部分（文部省，1989）

2 「総合理科」の目標
〔途中省略〕
「人間と自然とのかかわりについて認識させる」については，これまでに，体得した知識や理解を通して，物質資源・エネルギー資源・人間の生存の場としての自然環境の保全等について関心を高めることが，この科目の最終的なねらいであることを指している。
〔以降省略〕

3 「総合理科」の内容とその取り扱い
（3）人間と自然
〔途中省略〕
放射能及び原子力の利用とその安全性の問題にも触れること。
〔途中省略〕
人間の活動が自然に影響を与えていると同時に，自然は人間生活に影響を与えるので，両者の調和を図っていく必要があることを自然科学の立場から扱うようにする。
〔途中省略〕
エレクトロニクス，バイオテクノロジー，医療技術，新素材の開発などによる，最近の科学技術の成果について利用の様子を調べる。また，それらが人間生活を豊かにする反面，使い方によっては危険な場合もあることを理解させ，生涯にわたって科学技術の進歩や在り方に関心を持つ必要があることを認識させる
〔以降省略〕

術の発展による人間生活の豊かさや便利さを最優先とはしない，未来の社会像を見据えた価値観の育成を伴う表現も用いられている。

2．「理科基礎」(1999年告示の高等学校学習指導要領)

1999年告示の高等学校学習指導要領では，歴史的な側面から科学と人間生活のかかわりについて学ぶ科目として，科学史が多く盛り込まれた「理科基礎」が新設された。この高等学校学習指導要領解説理科編理数編「理科基礎」から，科学技術の発展を起因とする社会問題を扱い，科学技術政策について意思決定や合意形成を図る学習活動の実施の可否や可能性に関する記述箇所を以下の表3-4に示す。

「理科基礎」の性格の中には「人間生活にどのように関連して，現在及びこれからの社会に向けて展開」といった，科学技術の社会への影響における科学技術の可能性と条件について記載されている。さらに，合成物質を扱う

表3-4　高等学校学習指導要領解説理科編理数編（1999年発行）における科学技術の発展を起因とする社会問題を扱い，科学技術政策について意思決定や合意形成を図る学習活動の実施の可否や可能性に関する記述部分（文部省，1999）

1　「理科基礎」の性格
（4）科学が自然の認識を深めながら発展してきたことを理解させるとともに，科学は完成されたものではなく，自然には未だ多くの解明されていない課題があること及びそれが人間生活にどのように関連して，現在及びこれからの社会に向けて展開していくのかについて考察させるように配慮している。
〔以降省略〕

3　「理科基礎」の内容とその範囲，程度
（2）自然の探究と科学の発展
〔途中省略〕
　科学的に合成された物質が人間生活を豊かにしていることや，環境の保全にも役立っていることを扱う。その一方で，合成物質の中には，生物や人体に対して重大な影響を及ぼすものがあること，合成物質の使用に当たっては環境への配慮が重要であることにも触れる。
〔以降省略〕

際には「生物や人体に対して重大な影響を及ぼす」といった科学技術の可能性だけでなくリスクについて言及されている。

3．「科学と人間生活」(2009年告示の高等学校学習指導要領)

2009年告示の高等学校学習指導要領では，自然と人間生活のかかわりや科学技術が人間生活に果たしてきた役割について学ぶ「科学と人間生活」が新設された。この高等学校学習指導要領解説理科編理数編「科学と人間生活」

表3-5 高等学校学習指導要領解説理科編理数編（2009年発行）における科学技術の発展を起因とする社会問題を扱い・科学技術政策について意思決定や合意形成を図る学習活動の実施の可否や可能性に関する記述部分（文部科学省，2009）

1　「科学と人間生活」の性格
〔途中省略〕
現在，環境問題やエネルギー問題といった地球規模での課題が増すなか，人間が自然と調和しながら持続可能な社会を構築することが強く求められている。そのためには，身の回りの事象から地球規模の環境までを視野に入れて，科学的な根拠に基づいて賢明な意思決定ができる力を身につける必要がある。
〔以降省略〕

2　「科学と人間生活」の目標
自然と人間生活とのかかわり及び科学技術が人間生活に果たしてきた役割について，身近な事物・現象に関する観察，実験などを通して理解させ，科学的な見方や考え方を養うとともに，科学に対する興味・関心を高める。
〔途中省略〕
「自然と人間生活とのかかわり」とあるのは，人間は自然の恩恵を受けながら生活をしてきたこと，自然に対する知識や理解を深め自然の仕組みを解明し利用してきたこと，科学が発展した現在でも人間の力が及ばない自然事象が存在することなどを示している。
「科学技術が人間生活に果たしてきた役割について」とあるのは，科学技術の発展に伴い日常生活や社会が変化してきたこと，科学が人間生活の向上や社会の発展に大きく寄与してきたこと，今後も人間生活にとって科学技術の発展が不可欠であることなどを示している。
〔以降省略〕

から，科学技術の発展を起因とする社会問題を扱い，科学技術政策について意思決定や合意形成を図る学習活動の実施の可否や可能性に関する記述箇所を表3-5に示す。

「科学と人間生活」の目標には「科学に対する興味・関心を高める」と記載されている。これは「物理」の「物理的な事物・現象に対する探究心」，「生物」の「生物や生物現象に対する探究心」とは異なり，「科学と人間生活」では「情意目標の対象が自然ではなく科学とされている」（鶴岡，2012）。それを受け「科学と人間生活」の目標には「科学が発展した現在でも人間の力が及ばない自然事象が存在」のような科学技術の可能性と条件や，「科学技術の発展に伴い日常生活や社会が変化してきた」といった科学技術の発展による社会への影響について記載されている。また，2008年発行の中学校学習指導要領解説理科編の中で使用されている「意思決定」が，「科学と人間生活」の性格の中にも使用されている。科学技術政策の形成過程への国民の参画と同様に，科学的な根拠だけでは判断することが困難な条件下で，個人の価値観に依存する「自然と調和」や「持続可能な社会を構築」へ向けて「意思決定」できる能力を身につけることが理科教育に求められている[5]。

第3節　中等教育の学習指導要領解説理科編の分析結果及び課題

1．中等教育の学習指導要領解説理科編の分析結果

中学校では，1998年発行の中学校学習指導要領解説から，第1分野（7）「科学技術と人間」，第2分野（7）「自然と人間」の章が設けられ，ともに科学技術の発展を起因とする社会問題に関する記述がみられた。2008年発行の中学校学習指導要領解説では，科学技術社会の未来の共創へ向けた科学技術政策の形成過程への国民参画を窺わせる「意思決定」という用語が使用さ

れ「科学技術の負の側面にも触れながら」「科学技術の利用の長所や短所を整理」「同時には成立しにくい事柄」(文部科学省，2008)といった意思決定するうえで留意すべき，科学技術の可能性と条件について扱われていた。さらに，1998年発行の中学校学習指導要領解説では，「第1分野(7)イ　科学技術と人間」と「第2分野(7)イ　自然と人間」の2つから1つ選択だったものが，2008年発行の中学校学習指導要領解説では両分野ともに必修化されたことから，科学技術社会の未来の共創へ向けた科学技術政策の形成過程への国民参画に関する内容の扱いは増しているといってよい。

　高等学校では「総合理科」「理科基礎」の各科目の性格は異なるものの，科学技術の発展を起因とする社会問題や，科学技術社会の未来の共創へ向けた科学技術政策の形成過程への国民参画に関する内容が取り入れられていた。2009年告示の高等学校学習指導要領における「科学と人間生活」においても「科学技術の発展に伴い日常生活や社会が変化」(文部科学省，2009)といった科学技術の発展による社会への影響や「身の回りの事象から地球規模の環境までを視野に入れて，科学的な根拠に基づいて賢明な意思決定ができる力を身につける必要」(文部科学省，2009)といった科学技術社会の未来の共創へ向けた科学技術政策の形成過程への国民参画に関する内容が含まれていた。そして，中学校2017年告示，高等学校2018年告示の学習指導要領においてもこの傾向は引き継がれている。

　文部科学省教科調査官[6]である清原(2010)は「科学技術の発展と人間生活のかかわり方，自然と人間のかかわり方について多面的，総合的に捉えさせ，自然環境の保全と科学技術の利用の在り方について科学的に考察させ，持続可能な社会をつくっていくことが重要である」とし，このねらいを達成させるために「科学的な根拠に基づいて意思決定させる場面を設けることを想定している」としている。すなわち，現在の教育政策下における中等教育理科の授業の中で，科学技術の発展を起因とする社会問題を題材に，学習者主体の議論を通して意思決定や合意形成を図る学習活動の実施が想定されて

いると言ってよい。

2．中等教育の学習指導要領解説理科編の分析からみえてくる課題

前項で，科学技術社会の未来の共創へ向けた科学技術政策の形成過程への国民参画の基盤をつくるために，科学技術政策への関心の喚起及び参画意識の向上を目的として，科学技術の発展を起因とする社会問題を題材に，学習者主体の議論を通して意思決定や合意形成を図る学習活動を中等教育理科の授業の中で実施することが可能であると述べた。しかし，実際に授業を行うにあたっては課題がある。以下に2点挙げる。

1点目は，中等教育の学習指導要領解説理科編の科学観についてである。中学校理科では「科学技術の利用が資源・エネルギーの有効利用，環境保全，防災などに役立っている平易な例を」「生徒が科学技術の価値を実感し，その重要性を認識」（文部科学省，2008），高等学校「理科基礎」では「科学の発展の過程を中心に学ぶ科目」「自然の謎の探究や解明にどのように挑戦し文明の発展に寄与」（文部省，1999），「科学と人間生活」では「科学技術が進歩して人間生活を豊かで便利」「人間生活にとって科学技術の発展が不可欠」（文部科学省，2009）等のように，それぞれ科学技術の発展による成果や恩恵を中心とし，科学技術の進歩による問題解決を前提とした科学観による学習内容で構成されている点である。

2点目は，2008年告示の学習指導要領解説において中学校，高校ともに理科教育の目標の中に「意思決定」という用語が加えられているものの，その内容の取扱いの中では意思決定に「科学的な根拠に基づいて」と条件が付けられている点である。

国民全体の問題として議論を要する生命倫理やエネルギー政策[7]等は，1点目の課題で挙げた科学の発展や技術の進歩，2点目の課題で挙げた科学的な根拠だけでは解決することが難しいから社会的なコンセンサスの形成が必

要とされているのである。これらの条件を満たす適切な教材の選定は困難であるし[8]，授業の中で学習者に意思決定や合意形成を行わせる方法論についても十分に検討がなされていない。したがって，教師は授業での扱いに慎重にならざるをえないだろう。

第4節　小括

　本章では，科学技術社会の未来の共創へ向けた科学技術政策の形成過程への国民参画の基盤をつくるために，科学技術政策への関心の喚起及び参画意識の向上を目的として，科学技術の発展を起因とする社会問題を題材に，学習者主体の議論を中心に意思決定や合意形成を図る授業を行うにあたっての，近年の教育政策下における実施の可否や可能性の現状を把握するため，中等理科教育の学習指導要領解説理科編を資料に調査を行った。

　その結果，中等教育の学習指導要領解説理科編の中には，科学技術の発展を起因とする社会問題や，科学技術政策の形成過程への国民参画に関連する内容が含まれており，中等教育理科の授業の中で，科学技術政策への関心の喚起及び参画意識の向上を目的として，科学技術の発展を起因とする社会問題を題材に，学習者主体の議論を通して意思決定や合意形成を図る学習活動を実施することが可能であると述べた。

　しかしその一方で，中等理科教育が科学技術の発展による成果や恩恵を中心とし，科学技術の進歩による問題解決を前提とした科学観による学習内容で構成されていること，また，持続可能な社会をつくっていくための意思決定が科学的な根拠を前提とされており，このような条件に合致する教材がほとんどないことから，現在の教育政策下において科学技術の発展を起因とする社会問題を題材に，学習者主体の議論を通して意思決定や合意形成を図る学習活動を，理科の授業の中で実施するのは難しいことを指摘した。

今後，生命倫理やエネルギー政策のように明確な解答がない科学技術政策の形成過程への国民参画を国が推進していくにあたって，理科教育が果たす役割は大きい。しかしながら，本章で明らかにしたように，現在の教育政策下における理科の教育内容・方法では，理科の授業の中で科学技術社会の未来の共創へ向けた科学技術政策の形成過程への国民参画の基盤をつくるための教育を行うには制約が多く，国の政策や社会の要請に応えることができていない。

　したがって，科学技術社会の未来の共創へ向けた科学技術政策の形成過程への国民参画を見据え，科学技術政策への関心の喚起及び参画意識の向上を目的として，科学技術の発展を起因とする社会問題について自ら考え，学習者主体の議論を通して意思決定や合意形成を図る学習活動を，中等理科教育の中に明確に位置付け，理科教育の学習内容に明確に割り当てることが必要である。

註
1）理科第2分野（7）自然と人間は1989年告示の中学校学習指導要領にはないが，1978年告示の中学校学習指導要領には（7）人間と自然がある。
2）本研究で「学習指導要領解説理科編」を分析資料にするにあたっては，科学技術政策の形成過程への国民の参画に関する内容を抽出して表にまとめ，そうでないものは表中には記載せず省略した。省略箇所には〔途中省略〕及び〔以降省略〕を挿入した。
3）条文中の下線　　は，強調のために筆者が付したものである。以降の条文中の下線も同様である。
4）本研究における，高等学校学習指導要領解説理科編理数編の分析にあたっては，各科目の導入の経緯や関係性等には触れず，高等学校学習指導要領解説理科編理数編に記載されている内容だけを分析の対象とする。なお，「理科Ⅰ」「理科Ⅱ」（1978年告示高等学校学習指導要領）は，実施時期が第1期科学技術基本計画の策定時期から大きく離れているので，分析の対象とはしない。
5）2018年3月に高等学校学習指導要領が改訂されたが「科学と人間生活」の方向性

について大きな変更はない。
6）職名は2010年当時のもの。
7）2008年発行の中学校学習指導要領解説理科編の中で，生徒に選択させるテーマの例にも「原子力の利用とその課題」が挙げられている。
8）5社から発行されている中学校理科教科書のうち，長所と短所のような多様な視点を併記した意思決定の場面が設定されているのは3社だけである。また，5社から発行されている高等学校「科学と人間生活」の教科書には意思決定の場面が設定されているものはない。ただし，各社とも終章の「これからの科学と人間生活」の課題研究のテーマ例に「科学技術の発展によって将来にわたって私たちの生活や社会に影響を及ぼすと思われる自然や科学や技術に関する課題研究」（藤嶋ら，2011）等が挙げられている。

引用文献
藤嶋昭 他18名（2011）『科学と人間生活』啓林館，p.193.
清原洋一（2010）「日本における科学リテラシーの育成」『理科教室』第53巻，第1号，pp.30-35.
文部省（1989）『高等学校学習指導要領解説理科編理数編』実教出版
文部省（1998）『中学校学習指導要領解説理科編』大日本図書
文部省（1999）『高等学校学習指導要領解説理科編理数編』大日本図書
文部科学省（2008）『中学校学習指導要領解説理科編』大日本図書
文部科学省（2009）『高等学校学習指導要領解説理科編理数編』実教出版
文部科学省（2017）『中学校学習指導要領解説理科編』学校図書
鶴岡義彦（2012）「高等学校の教育課程が目指す学力」日本理科教育学会編『今こそ理科の学力を問う 新しい学力を育成する視点』東洋館出版社，pp.106-111

第Ⅱ部　科学技術政策の形成過程への国民参画に向けた授業方法の検討と試行

第4章　参加型テクノロジーアセスメントとその手法

　第Ⅰ部　第1章では，科学技術社会の未来の共創へ向けた科学技術政策の形成過程への国民参画の基盤をつくる教育の在り方の検討の必要性を述べた。第2章では，科学技術政策への関心の喚起及び参画意識の向上を目的として，科学技術の発展を起因とする社会問題を題材に，学習者主体の議論を中心に意思決定や合意形成を図る授業を行う教師を支援するための授業開発が課題になると述べた。

　教師が授業の中で学習者主体の議論を通して意思決定や合意形成を図る学習活動を行う際に，手法としてディベートが使用されることが多い[1]。それは，ディベートが効果的な手法であるうえに，手順が定型化しているため教師にとって利用しやすいからだと考えられる。その一方でディベートの他に適した手法の選択肢が少ないという面も考えられる。

　そこで本章の目的を，科学技術の発展を起因とする社会問題を題材に，学習者主体の議論を通して意思決定や合意形成を図る学習活動を支援する手法を得ることとする。具体的には，公募による市民が参加して実施されたテクノロジーアセスメントの際に実際に使用された手法を調査し，ディベートのように手順が定型化されていて教師が使いやすく，また，様々な題材に応用可能な汎用性が高い手法を選定する。

第1節　参加型テクノロジーアセスメントについて

1．テクノロジーアセスメントとは

　テクノロジーアセスメントとは「従来の研究開発・イノベーションシステ

ムや法制度に準拠することが困難な先進技術に対し,その技術発展の早い段階で将来の様々な社会的な影響を予期することで,技術や社会のあり方について問題提起や意思決定を支援する制度や活動を指す」(鈴木,2008)とされる。

欧米では,1972年にアメリカで世界初のテクノロジーアセスメント専門の機関である議会技術評価局(OTA: Office of Technology Assessment)が設立され,1980年代に入ると,科学技術による社会や環境への影響が強まり,イギリス(イギリス議会科学技術室:POST: Parliamentary Office of Science and Technology),フランス(フランス議会科学技術評価局:OPECST: Office Parlementaire d'Evaluation des Choix Scientifiques et Technologiques),ドイツ(ドイツ議会技術評価局:TAB: The Office of Technology Assessment at the German Parliament)等,欧州でも議会付属のテクノロジーアセスメント機関が設立された(城山・吉澤・松尾,2011)。

しかし,日本では1960年代に導入され,1970年代から官民ともに散発的に試みられたものの,現在まで制度として確立されたものはない(吉澤,2009)。

2.参加型テクノロジーアセスメントとは

初期のテクノロジーアセスメントは,専門家が科学技術に関する問題を解決できるという前提があったが,次第に先進科学技術の事前の影響評価を専門家のみで行うことへの問題点が指摘されはじめる。以下にその代表的な問題点を挙げる。

①科学と技術の研究開発のあり方が,科学・技術のコミュニティ内で解決できる状態にはなく,政治的な課題になりがち(石黒,2006)。
②データの評価に不確実性が存在するときには,結果を予測することが困難で,専門家間に異なる解釈が生まれる(木場,1999)。

③市場における消費者や社会の需要に対応していない（久保，2001）。

　このような状況下で，「当該技術に対する社会的要請を汲み取り，望ましい技術選択へのインセンティブの付与を可能にするためには，技術開発のために行われる市場調査とは異なる方法で，技術利用に伴って生じる社会的，倫理的な問題に関する一般市民の意見を拾うための仕組み」（久保，2001）が必要になり，市民参加型のテクノロジーアセスメントの模索が始まった。1985年にデンマーク議会にデンマーク技術評価局（DBT: The Danish Board of Technology）が設置されると，評価対象となる技術の影響を受ける社会主体も参加するスタイルの参加型テクノロジーアセスメントが始まり，新しい型とされ定着している（吉澤，2009）。

　近年日本においても，参加型テクノロジーアセスメントが紹介され，2000年には農林水産省後援，（社）農林水産先端技術産業振興センター（STAFF）[2]主催による「遺伝子組換え農作物を考えるコンセンサス会議」（農林水産先端技術産業振興センター，2001）が実施され，2003年には「三番瀬の未来を考えるシナリオワークショップ」（三番瀬の未来を考えるシナリオワークショップ実行委員会，2003）が実施されている。また，国立研究開発法人科学技術振興機構（JST：Japan Science and Technology Agency）の戦略的創造研究推進事業プログラムの1つである，社会技術研究開発センター（RISTEX：Research Institute of Science and Technology for Society）のもとで「先進技術の社会影響評価（テクノロジーアセスメント）手法の開発と社会への定着」「市民と専門家の熟議と協働のための手法とインタフェイス組織の開発」等の研究開発プロジェクト[3]が進められている。

3．参加型テクノロジーアセスメントの手法

　参加型テクノロジーアセスメントには，コンセンサス会議・シナリオワークショップ・市民陪審等の手法が知られており，いくつかの文献でそれぞれ

の特徴について解説が加えられている。例えば鈴木（2008）は，テクノロジーアセスメントの手法を「問題像提示」と「意思決定支援」，「専門家」と「市民」を軸に四分割したマトリックス表を用いて整理している。若松（2009）はデンマーク技術評価局（DBT）が用いる手法をリスト化して解説を加えている。しかし，いずれも各手法の概略の紹介にとどまっており，各手法の教育への応用を検討するには情報が足りない。

そこで，本研究において教育への応用を検討する参加型テクノロジーアセスメントの手法を，以下の3つの視点から選択した。

①日本で早い段階から試行された参加型テクノロジーアセスメントの手法
②試行段階で取り組まれただけでなく，以降継続して複数回実施されている手法
③手法の利点に着目した専門家が，その手法を紹介するだけでなく普及に努め活動している手法

上記の3つの視点を設定したのは，科学技術政策や科学技術社会論の専門家が，様々な参加型テクノロジーアセスメントの手法を比較・検討して，日本の国民性や文化的な状況に適していると考えて選択・試行し，そのうえで一定の効果が認められた手法だと考えられるからである。

そして，この3つの視点を満たす手法として，コンセンサス会議とシナリオワークショップが該当する。そこで，次節でこの2つの手法について検討する[4]。

第2節 コンセンサス会議

1. コンセンサス会議について

コンセンサス会議は，1977年にアメリカ国立衛生研究所（NIH: National Institutes of Health）で，重要でしかも論争的な問題を含んだ医療技術について，医療と社会との関係を改善するとともに，基礎医学の知識を臨床の場で生かすプロセスを改善し，専門家間の知識のギャップ埋め標準的な使用基準を設けることを目的としたCDC（Consensus Development Conference：コンセンサス開発会議）というテクノロジーアセスメントの手法として開発された（久保，2001）。

その後，1985に発足したデンマーク技術評価局（DBT）において先進技術に対する社会的要請を汲み取り，その技術利用に伴って生じる社会的，倫理的な問題に関する一般市民の意見を拾うための参加型テクノロジーアセスメントの手法に変容した。デンマークのコンセンサス会議において取り上げら

表4-1 デンマークのコンセンサス会議において取り上げられた課題
（科学技術への市民参加を考える会，2002）

年	課題	年	課題
1987	産業と農業での遺伝子操作技術	1994	電子身分証明書
1989	放射線食品照射		交通における情報技術
	ヒトゲノム計画		農業での統合生産
1990	大気汚染	1995	環境と食料への化学汚染
1991	教育技術		遺伝子治療
1992	動物の遺伝子操作	1996	漁業の未来
1993	民生用交通の未来		消費と環境
	不妊	1997	テレワーキング
		1999	遺伝子操作食品

れた課題を表4-1に示す。

　日本には，1993年に若松（1993）が「科学技術ジャーナル」に紹介したのが最初で，1998年には「遺伝子治療を考える市民会議」（コンセンサス会議），1999年には「高度情報化―とくにインターネットを考える市民会議」（コンセンサス会議）が，科学技術社会論の研究者ら（「科学技術への市民参加」研究会）を中心に試行され，2000年には農林水産省の後援で（社）農林水産先端技術産業振興センターの主催により「遺伝子組換え農作物を考えるコンセンサス会議」が実施されている[5]。

　コンセンサス会議は，管見の限りでは日本で最初に試行された参加型テクノロジーアセスメントの手法であり，試行後も複数回実施されている。また，若松を代表とする「科学技術への市民参加を考える会」が設立され，コンセンサス会議の日本への普及定着のために『コンセンサス会議実践マニュアル』（科学技術への市民参加を考える会，2002）も作成されている。したがって，参加型テクノロジーアセスメントの手法の教育への応用にあたってコンセンサス会議をその候補の1つとし，その標準的な手続きを次項に示す。

2．コンセンサス会議の標準的な手続き

　コンセンサス会議は，社会的に議論を呼ぶ科学技術をテーマとし，そのテーマに利害関係のない公募によって選ばれた「市民パネル」と，その市民パネルが持つ疑問に対応可能な「専門家パネル」との対話を柱とする。

　専門家パネルは市民パネルが理解しやすいように科学技術の状況について解説し，市民はわからなかったところを「鍵となる質問」としてまとめる。

　専門家は市民パネルが作成した「鍵となる質問」に回答し，以降両パネル間で質疑応答を含め議論・対話が行われる。

　最終的に市民パネルはその科学技術に関しての評価を行う。具体的に判断を下すこともあるが，判断を下せなかったことも含め意見をまとめる（コンセンサス文書という）。

このコンセンサス文書は公開の場で発表され，世論形成，政策形成に利用されるが，その意見に法的拘束力はない。以下の図4-1にコンセンサス会議の標準的な手続きを示す。

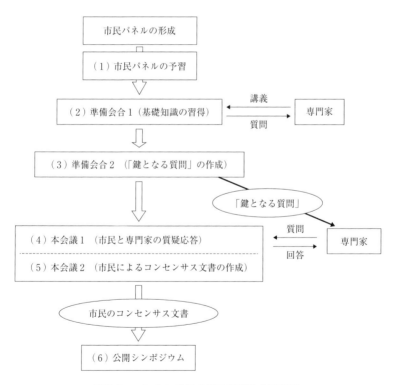

図4-1　コンセンサス会議の標準的な手続き
　　　（科学技術の市民参加を考える会，2002）

第3節 シナリオワークショップ

1. シナリオワークショップとは

　シナリオワークショップは，アメリカで開発されたフューチャーサーチという手法を原型にデンマークで数多く用いられてきた様々な手法を系統的に組み合わせた手法であり，技術を含んだ課題についてその課題に影響を受ける様々な人々が課題についての理解を深め，利害を超えて共有できる未来像を見いだし，その未来にいたるための行動計画を立てるものである（若松，2010）。そして，シナリオワークショップのプロセスは「ある技術を用いたり，開発プロジェクトを実施したりした結果，どんな社会的影響・効果が生じ，どんな未来になるかを，通常は特定の地域社会について予測した『シナリオ』を予め用意し，これを，何段階か（「フェイズ」）にわたる討論を経て，この社会変化に関わる人々からなる参加者によって吟味し，それぞれの立場から見て望ましい未来像（ヴィジョン）を描き，最終的に全員が共有できるヴィジョンと，それを実現するための行動プランを定めるためのものである」（平川，2002）。この手法の特徴は，未来のイメージをつくるための手掛かりとして，未来像を描いたシナリオを複数用いることである。デンマークでは「教育の未来」や「都市生態問題」等を題材に実施されている。

　日本では，2003年に国立開発法人科学技術振興機構（JST）の社会技術研究プログラムの研究「開かれた科学技術政策形成支援システムの開発」の一部として，三番瀬の未来を考えるシナリオワークショップが実施されている。以降，シナリオワークショップはその手法を簡略化した形式で，市民参加によるバイオリージョンマップづくり（DEWANCKER・安枝・笠井，2004）等，主に生態系や歴史や文化に配慮したまちづくりや建築計画の形成過程への市民参画の場で利用されている[6]。DEWANCKER・安枝・笠井（2004）が

「そのトピックに向けてさまざまな立場の人々が熱心に議論し，学びあい，共同で作業を進めることができるなど，『社会的学習』の機会を提供する点で，pTA[7]の手法として大きなメリットがあることがわかった」としていることからも，シナリオワークショップの教育への応用に期待が持てる。さらに，シナリオワークショップの原型であるフューチャーサーチを日本らしいやり方に調整し「コミュニティー・ビジョン」として発信している組織[8]も存在することから（鏑木，2001），シナリオワークショップもコンセンサス会議同様に教育への応用を検討する。次項にその標準的な手続きを示す。

２．シナリオワークショップの標準的な手続き

　シナリオワークショップの大きな特徴は「予想される典型的な未来の姿」（三番瀬の未来を考えるシナリオワークショップ実行委員会，2003）が複数（通常４つ）のシナリオとして予め用意されることによって，参加者が与えられた課題について議論しやすいように工夫されている点である。作成されたシナリオは４つのフェーズを経て評価される。前者の２つのフェーズは利害関係者・役割（産業界・NGO・行政当局・被影響者等）毎に行われる「役割別ワークショップ」と呼ばれ，後者の２つのフェーズは立場を離れ一緒になって議論が行われる「混成ワークショップ」と呼ばれる（藤垣，2008）。

　具体的な進め方の一例を以下の図４-２に示す。

（１）「シナリオ作成」
　社会的影響や効果を含めた将来像としての４つのシナリオが，ジャーナリスト・サイエンスライター・専門家等によって用意される。
（２）「評価フェーズ」
　参加者がそれぞれの立場ごとに各シナリオについて批評を行い，批評カタログがつくられる。できるだけ多くの論点を挙げ評価をしながら論点を絞る。

88　第Ⅱ部　科学技術政策の形成過程への国民参画に向けた授業方法の検討と試行

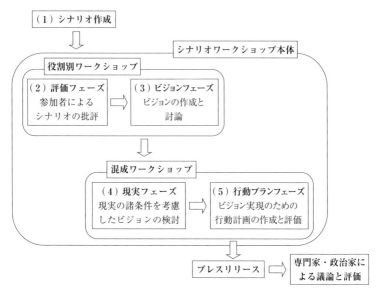

図4-2　シナリオワークショップの標準的な手続き（若松，2010をもとに作成）

（3）「ビジョンフェーズ」

　評価フェーズで絞られた論点をもとに，それぞれの参加者の立場から望ましい未来像としてのビジョンを作成する。ここでビジョンの優先付け・絞り込みが行われる。

（4）「現実フェーズ」

　他の立場の利害・関心や様々な条件（経済的条件や技術的条件等）などの「現実」の観点から，ビジョンの評価・検討・優先選択が行われる。

（5）「行動プランフェーズ」

　現実フェーズで洗練され合意されたビジョンを実現させるための具体的な行動プランの策定が行われる。

第 4 節　小括

　本章では，科学技術政策への関心の喚起及び参画意識の向上を目的として，科学技術の発展を起因とする社会問題を題材に，学習者主体の議論を通して意思決定や合意形成を図る学習活動を支援する手法の手掛かりを得るために，参加型テクノロジーアセスメントの手法の調査・検討を行った。その結果，教育への応用を試みる参加型テクノロジーアセスメントの手法として，コンセンサス会議・シナリオワークショップの 2 つの手法を選択し，各手法の標準的な手続きをまとめた。

　次章において，これらの手法を応用した授業を開発・試行して，その効果や課題を検証し参加型テクノロジーアセスメントの手法の教育への応用の可能性を探る。

註
1) スーパーサイエンスハイスクールにおける STS 教育の実践を分析し，科学，技術及び社会の相互関連性について科学を客観的な立場で捉えている実践や，社会の側からの視点で科学を見据えている実践を抽出してその取り組みを分類したところ，①講義・講演型，②ゼミ型，③論文指導型，④ディベート型の 4 つに分類された。授業の中で議論を促すために用いられている手法はディベートだけであった（内田，2010）。
2) 現在は，公益社団法人農林水産・食品産業技術振興協会（JATAFF: Japan Association for Techno-innovation in Agriculture, Forestry and Fisheries）。
3) 社会技術研究開発センター（RISTEX: Research Institute of Science and Technology for Society）「研究開発領域 科学技術と人間」
http://www.ristex.jp/science/index.html（最終確認日：2018 年 5 月 1 日）
4) この条件に合う手法として他にも円卓会議や討論型世論調査等があるが，これらは定型化された手順が明確ではなく，ファシリテーターの力量によるところが大きい手法であるため，本研究では取り上げない。

5) 他にも2006年から2007年にかけて北海道の主催による「遺伝子組換え作物の栽培について道民が考える『コンセンサス会議』」等の実施例がある。
web.archive.org/web/20110817071552/http://www.pref.hokkaido.lg.jp/ns/shs/shokuan/gm-con05.htm（最終確認日：2018年5月1日）

6) 他にも，以下のような事例がある。
藤沢直樹・糸長浩司（2004）「シナリオワークショップをもちいた住民参画による東伊豆町における地域興し―歴史と文化をいかした循環型まちづくり―」『日本建築学会大会学術講演梗概集，E-2』，pp.585-586.
藤沢直樹・糸長浩司（2005）「シナリオワークショップを用いた二層構造の住民参加による合意形成―福岡県北九州市若松区における環境モデル都市『若松』づくりを事例として―」『日本建築学会大会学術講演梗概集，E-2』，pp.545-548.

7) pTAは，Participatory Technology Assessment（参加型テクノロジーアセスメント）の略。

8) 特定非営利活動法人国際理解教育センター（ERIC: International Education Resource & Innovation Center）が発信している。

引用文献

DEWANCKER Bart・安枝裕司・笠井理絵（2004）「北九州鴨生田校区における市民参加によるバイオリージョンマップづくりに関する研究：その1 シナリオワークショップとバイオリージョンマップづくりの手法について」『学術講演梗概集．F-1，都市計画，建築経済・住宅問題』，pp.777-778.

平川秀幸（2002）「デンマーク調査報告書―シナリオワークショップとサイエンスショップに関する聴き取り調査」
http://hideyukihirakawa.com/sts_archive/techassess/denmarkreport.pdf（最終確認日：2018年5月1日）

藤垣裕子（2008）「市民参加と科学コミュニケーション」藤垣裕子・廣野喜幸 編『科学コミュニケーション論』東京大学出版会，pp.239-255.

藤沢直樹・糸長浩司（2004）「シナリオワークショップをもちいた住民参画による東伊豆町における地域興し―歴史と文化をいかした循環型まちづくり―」『日本建築学会大会学術講演梗概集，E-2』，pp.585-586.

藤沢直樹・糸長浩司（2005）「シナリオワークショップを用いた二層構造の住民参加による合意形成―福岡県北九州市若松区における環境モデル都市『若松』づくりを事例として―」『日本建築学会大会学術講演梗概集，E-2』，pp.545-548.

石黒武彦（2006）「科学の社会化シンドローム」『科学』第76巻，第11号，岩波書店，pp.1165-1169.

鏑木孝昭（2001）「市民参加による政策決定の可能性―コンセンサス会議とフューチャーサーチ（特集 環境汚染の化学物質リスクをどう回避するか）」『リサイクル文化』第64巻，リサイクル文化社，pp.100-110.

科学技術への市民参加を考える会（代表 若松征男）（2002）『コンセンサス会議実践マニュアル』，p.29.

木場隆夫（1999）「コンセンサス会議の社会的意義についての考察」『総合政策』第1巻，2号，pp.229-241.

久保はるか（2001）「科学技術をめぐる専門家と一般市民のフォーラム―デンマークのコンセンサス会議を中心に―」『季刊行政管理研究』第96巻，pp.40-57.

農林水産先端技術産業振興センター（2001）「遺伝子組換え農作物を考えるコンセンサス会議」報告書
https://www.jataff.jp/project/download/pdf/01-2006051018274923227.pdf（最終確認日：2018年5月1日）

三番瀬の未来を考えるシナリオワークショップ実行委員会（2003）「三番瀬の未来を考えるシナリオワークショップ報告書」
http://www.sys.mgmt.waseda.ac.jp/sw/pre/index.html（最終確認日：2018年5月1日）

城山英明・吉澤剛・松尾真紀子（2011）「TA（テクノロジーアセスメント）の制度設計における選択肢と実施上の課題―欧米における経験からの抽出」『社会技術研究論文集』第8巻，pp.204-218.

鈴木達治郎（2008）「テクノロジーアセスメント（TA）の意義と制度化の必要性 欧米日の経験から学ぶ」『社会技術レポート』第12巻，p.42.

内田隆（2010）「SSH校の取り組みに見られるSTS教育の現状」『日本理科教育学会全国大会要項』第60巻，p.199.

吉澤剛（2009）「日本におけるテクノロジーアセスメントの概念と歴史の再構築」『社会技術研究論文集』第6巻，pp.42-57.

若松征男（1993）「デンマークのコンセンサス会議―科学と社会をどうつなぐか―」『科学技術ジャーナル』第2巻，第2号，pp.22-25.

若松征男（2009）「DBT（デンマーク技術委員会）が用いる多様な参加型手法」
https://www.cse.dendai.ac.jp/i/wakamats/research/dbtmethod.pdf（最終確認日：2018年5月1日）

若松征男（2010）『科学技術政策に市民の声をどう届けるか』東京電機大学出版局, pp.29-33.

第5章 参加型テクノロジーアセスメントの手法を応用した授業の試行

　第4章では，科学技術政策への関心の喚起及び参画意識の向上を目的として，科学技術の発展を起因とする社会問題を題材に，学習者主体の議論を通して意思決定や合意形成を図る学習活動を支援するための手法として，参加型テクノロジーアセスメントの手法の中からコンセンサス会議とシナリオワークショップの2つを取り上げ，標準的な手続き等について調査・検討を行った。

　そこで本章では，この2つの手法の中からコンセンサス会議を取り上げ，未来のエネルギー政策を題材にしたコンセンサス会議の授業を試行して，参加型テクノロジーアセスメントの手法の教育への応用の可能性や効果や課題を探る。

第1節　試行した授業の概要

1．題材の設定

　コンセンサス会議を応用した授業を試行するにあたって，その試行対象が工業高校の電気科，電子機械科，建築科の「理科総合A」の授業であることから，学習者が普段学んでいる内容に関連深い電気に関連する題材である，原子力発電利用の賛否を含む未来のエネルギー政策を題材として選定した。

2. 授業案の作成

(1) コンセンサス会議の手続きの主たる要素の抽出

本授業は,コンセンサス会議を教育の場に応用する際の効果や課題を整理することを目的として試行する。したがって,試行にあたってはコンセンサス会議の一連の流れを,学校の実態に合わせざるをえない点を除いて可能な限り忠実に行うように配慮した。

授業計画を立てるにあたっては,以下の図5-1のコンセンサス会議の標

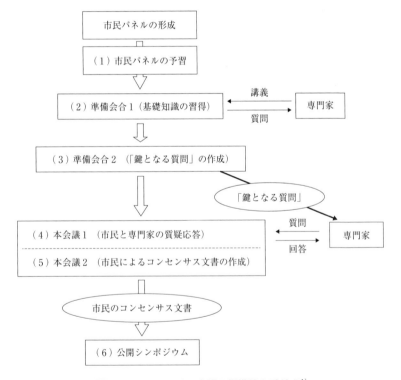

図5-1 コンセンサス会議の標準的な手続き[1]
(科学技術への市民参加を考える会,2002)

準的な手続きの中から主たる要素を抜き出して以下の表5-1にまとめ，このコンセンサス会議の主たる要素をもとにして授業案を作成した。

表5-1　コンセンサス会議の主たる要素

> （1）市民パネルの予習
> （2）様々な立場の専門家からの講義
> （3）「鍵となる質問」の作成
> （4）「鍵となる質問」への回答及び質疑応答
> （5）コンセンサス文書の作成
> （6）コンセンサス文書の発表

（2）未来のエネルギー政策を題材としたコンセンサス会議の授業案の作成

　表5-1に示したコンセンサス会議の手続きの主たる要素をもとに，未来のエネルギー政策を題材に授業案を作成した。以下の表5-2に作成した授業案を示す。

第2節　実施概要

1．実施概要

　（1）題材　　　「未来のエネルギー政策と原子力発電」
　（2）対象　　　公立工業高校1年生　5クラス（191名）[2]
　（3）実施科目　理科総合A（3単位）
　（4）実施時期　2004年　夏休みの宿題及び9月上旬〜11月中旬（50分授業
　　　　　　　　×24回）

2．実施詳細

（1）市民パネルの予習

　基本的な電気の知識，発電の方法，原子力発電等に関する講義を教師（筆

表5-2 コンセンサス会議の授業案

(1) 市民パネルの予習
　　夏休みの宿題　家庭にある電化製品の種類・数・電力及び契約アンペアの調査
　①電流と電圧と電力
　②電力量の概念と日本の電力使用量（年間，ピーク電力等）
　③発電の方法（電磁誘導）と発電所
　④発電所の種類とエネルギー源
　⑤火力発電と原子力発電の仕組み（発電部分の共通性）
　⑥原子の構造，原子核の崩壊（α崩壊，β崩壊），半減期等
　⑦放射能と放射線，放射線の種類と性質（透過性，電離性等），放射線の利用
　⑧身の回りの放射線と人工的な核反応
　⑨日本の電源構成と原子力政策
　⑩原子力発電利用の問題点
　⑪中間考査

(2) 様々な立場の専門家からの講義（異なる視点・専門分野を持った複数の専門家による講義）
　⑫原子力発電に賛成の立場の専門家
　　　講師：元原子力発電関連企業の社員で現在大学講師
　⑬原子力発電に反対の立場の専門家
　　　講師：脱原発主張のNPO法人担当者
　⑭自然エネルギーの専門家
　　　講師：風力発電の専門家の大学教授

(3) 「鍵となる質問」の作成
　⑮コンセンサス実習：コンセンサス法の有効性，合意の難しさや大切さについて体感する。
　⑯個人の質問作成：各自で講演内容についての疑問点を付箋紙に記入する。
　⑰班ごとの質問作成：付箋紙を持ち寄りKJ法で質問をまとめる。
　⑱クラスの質問作成：班毎に作成した質問をクラス内で発表し，クラスの質問としてまとめる。

(4) 「鍵となる質問」への回答及び質疑応答
　⑲生徒がまとめた「鍵となる質問」を，原子力発電賛成の専門家，反対の専門家，自然エネルギーの専門家の3名に質問し回答してもらう。また，その場で質疑応答を行う。

(5) コンセンサス文書の作成
　⑳コミュニケーション実習：コミュニケーションのあり方，情報処理の仕方を体感する。
　㉑専門家からの「鍵となる質問」の回答を受け個人の考えをまとめる。
　㉒班で各自が自分の考えをそれぞれ発表し，討論をはじめる。
　㉓班で考えた内容をコンセンサス文書としてまとめる。

(6) コンセンサス文書の発表
　㉔班ごとにまとめたコンセンサス文書をクラス内で発表する。

者）が行った。

（2）様々な立場の専門家からの講義

様々な立場の専門家として「原子力発電に賛成の立場の専門家」「原子力発電に反対の立場の専門家」「自然エネルギーの専門家」の3名を学校に招聘し，各専門家による講義をそれぞれ1授業時間（50分）ずつ行った。

（3）「鍵となる質問」の作成

3名の様々な立場の専門家からの講義を受け，原子力発電利用の賛否を含むエネルギー政策を検討するにあたって，明らかにしておきたいこと，確認しておきたいこと，知りたいこと等の疑問点を各自で挙げ，その後班毎，クラス毎に集約しながら整理して「鍵となる質問」としてまとめた。

（4）「鍵となる質問」への回答及び質疑応答

作成した「鍵となる質問」を，3名の専門家に事前に送付して回答の準備を依頼した。その後，3名の専門家を再び学校に招聘し「鍵となる質問」に対する回答の講義，及び学習者と専門家の間での質疑応答を行った。

（5）コンセンサス文書の作成

未来のエネルギー政策においては，火力，水力，原子力，自然エネルギーのバランスをどうするのか，特に自然エネルギーによる発電量を増加させる場合，原子力と火力のどちらをどの程度減少させるのかに焦点をあてて検討を行い，班毎にコンセンサス文書としてまとめた。

（6）コンセンサス文書の発表

各班がまとめたコンセンサス文書を，班毎にクラス全体の前で発表した。

第3節 結果及び考察

1. 意思決定や合意形成を扱う手法としてのコンセンサス会議の実用性についての検討

(1)「鍵となる質問」の作成

「鍵となる質問」の作成にあたっては、まず学習者一人ひとりが疑問に感じたことや質問したい内容を付箋紙に記入した。次に4～5人の班をつくり、各自が記入した付箋紙を模造紙に貼りながら質問の内容を班員に説明し、質問の整理及びグループ化を行った。

各自が作成した質問が、班で話し合ってまとめた後にどの様に変化したのか、放射性廃棄物の処理に関する質問を例に挙げ、以下の表5-3に示す。

A班の「将来的にいいことなのか」、B班の「放射性廃棄物はどうなるのか」のように、各自の聞きたい内容がわかりにくく専門家が回答しにくい質問が、班での話し合い後には、A班「土地は将来的な部分も考えて安全か」、B班「どこでどのように処理されているのか」のように具体的でわかりやすい質問に変わった。

表5-3 各自が書いた質問と班での話し合い後にまとめた質問の比較

	各自が書いた質問	班での話し合い後にまとめた質問
A班	・核廃棄物を埋めた土地は安全なのか。 ・放射性廃棄物を埋めるのはコストがかからないが、将来的にいいことなのか。	核廃棄物を埋めた土地は将来的な部分も考えて安全か。
B班	・核廃棄物の処分を地球上のどこで処理するのか。 ・火力よりはCO_2が出ないかもしれないが、放射性廃棄物はどうなるのか。	放射性廃棄物はどこでどのように処理されているのか、また処理にどれくらいのお金がかかっているのか。

また，B班の各自の質問の中には処理費用に関する質問はなかったが，班での話し合い後には「処理にどれくらいのお金がかかっているのか」が加えられた。これは放射性廃棄物に関する質問について班内で話し合っている時に生じた疑問だと考えられる。

この後，各班で作成した「鍵となる質問」をクラス内で順に発表し，全班の発表後に，類似の質問を集約して整理し，以下の放射性廃棄物に関する「鍵となる質問」を作成した。

「放射性廃棄物の危険性についてはどう考えていますか。核廃棄物の処理方法や研究等にかかる経済的な負担はどうですか。また，将来的に場所が確保できるのか，環境への影響はないのか。」

各自，班，クラスの順で協議を進めて意見をまとめる中で，漠然としていた質問が処理方法，経済性，場所等を問う具体的でわかりやすい質問になった。また，後でコンセンサス文書を作成するにあたって，学習者が放射性廃棄物に関して知りたい内容が網羅された質問になった。

（2）コンセンサス文書の作成

コンセンサス文書をまとめるにあたって，テーマが「未来のエネルギー政策」では漠然としていて議論の収拾がつかなくなることが予想された。そこで，議論を30年後の発電の組み合わせについてに焦点化させるために「全発電量に占める自然エネルギーによる発電の割合」と「自然エネルギーによる発電量を増加させる場合，原子力と火力のどちらをどの程度減少させるのか」の2点について言及するように各班に提示した。

まとめられたコンセンサス文書では，すべての班が（45班）自然エネルギーによる発電量を現在よりも増加させていた。また，自然エネルギーによる発電量を増やした分は，地球温暖化の影響を考慮して火力による発電量を

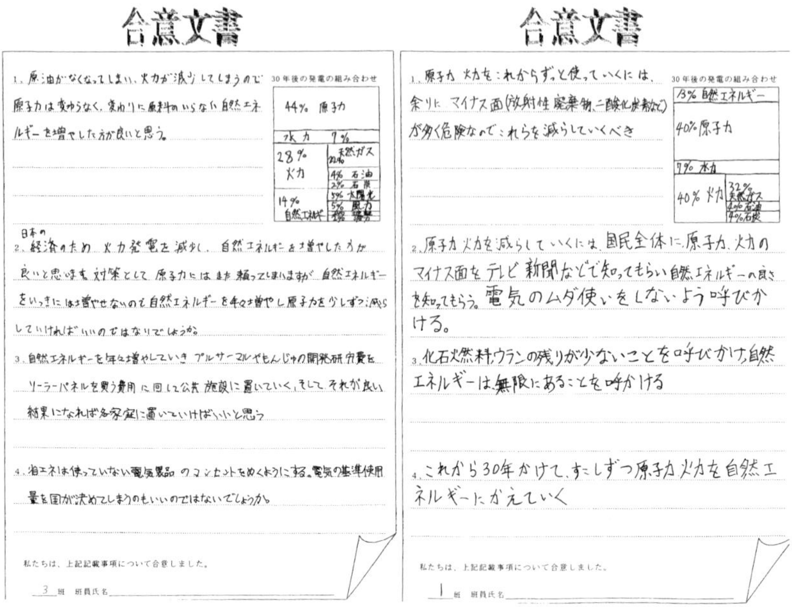

図5-2　班でまとめたコンセンサス文書（合意文書[4]）の例

削減させ，原子力による発電量を維持した班が45班中の41班であった[3]。

図5-2に班でまとめたコンセンサス文書の例を示す。

学習者の中には「自然エネルギーの比率をもっと上げたかったが，みんなから無理だと反対された」等，合意形成の過程で自分の意見が通らなかったことに対する不満を口にする者が見られたものの，すべての班がコンセンサス文書をまとめることができ，合意形成すなわち集団における意思決定を行うことができた。

2．質問紙調査による分析

コンセンサス会議を教育の場に応用する際の効果や課題を明らかにするために，以下の2種類の質問紙調査を行った。

①学習者の原子力発電利用の賛否に関する調査
②「関心度」や「参画意識」の変化，及び「授業評価」の調査

(1)「学習者の原子力発電利用の賛否の変遷」の調査概要及び結果
　原子力発電の利用について賛成から反対まで5段階の選択肢を設定した質問紙を用意し，学習者の原子力発電利用の賛否に関する調査を，全24回の授業中の以下の4回行った。
①コンセンサス会議の授業を実施する前
②「(1)市民パネルの予習」の授業の後で「(2)様々な立場の専門家からの講義」の前
③「(2)様々な立場の専門家からの講義」の後で「(3)「鍵となる質問」の作成」の前
④コンセンサス会議の授業のすべてが終了後

　学習者の原子力発電利用の賛否に関する質問紙調査の結果を，以下の図5-3に示す。

「原子力利用の賛否」に関する質問
　『原子力発電の使用に関してのあなたの考えを，以下の5つの選択肢の中から1つ選択して下さい。』

　　ア，積極的に賛成　イ，消極的に賛成　ウ，消極的に反対　エ，積極的に反対　オ，わからない

　学習者の原子力発電利用の賛否に関する調査を4回実施したところ，原子力発電の使用に賛成（「積極的に賛成」「消極的に賛成」の合計）が32％→57％→6％→57％のように，学習者の賛否は大きく変化してお

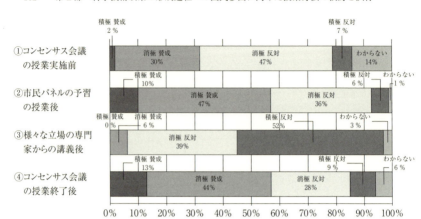

図5-3 原子力発電利用の賛否の変遷

り，コンセンサス会議を応用した授業の途中に3回あった意見表明の際に，半数以上の学習者が自分の考えを変更していたことがわかる。

このことから，コンセンサス会議のような手法が議論を促して，自分の考えを再検討させるのに有効であることが示唆された。

一方で課題も挙げられる。3回目の調査時（様々な立場の専門家からの講義の後）に原子力発電に賛成の学習者が極端に減少している。原子力発電に賛成の専門家の講義後に学習者が書いた感想には「戦争の後，原子力を平和のために利用しようとして研究するなんてえらい」「原子力発電はコストが安いことがわかった」「原子力発電は少しのウランですごいエネルギーがとれる」「原子力発電は安全に管理されていることがわかった」と書かれていた。しかし，次の原子力発電に反対の専門家の講義後の感想には「情報をかくすのはひきょう」「原子力発電はあぶない」「原子力発電は危険だ」「美浜原発の事故は壁の外でおこっている」等が書かれていた。これは，事故現場の画像や情報隠蔽の証拠等を使用した反対の専門家の講義が学習者に大きな影響を与えたからだと考えられる。

この段階の学習者は，まだエネルギー政策についての思慮は浅く，専門家の話を批判的に聞くことなく鵜呑みにしてしまいがちであり，各専門家の講演の順番や話し方等の印象が学習者に与える印象は少なくない。個性豊かな複数の専門家の力のこもった講義を聴いた学習者の中には「対決して欲しかった」「専門家どうしでの言い合いの方が良かった」等，専門家の講義から学ぶことや自分の意見と各専門家の意見を照らし合わせることよりも，専門家どうしの議論を聞いて優位に見えた方の意見を採択しようとする姿勢の学習者も散見された。

(2)「関心度」や「参画意識」の変化の調査及び「授業評価」の調査概要及び結果

　コンセンサス会議を応用した授業のすべてが終了した後に質問紙による調査を行った。質問紙には「関心度」「参画意識」「授業評価」を問う質問を用意し，回答の選択肢を4段階設定した[5]。

1)「関心度」に関する調査の結果

　学習者の「関心度」に関する質問紙調査の結果を，以下の図5-4に示す。
「関心度」に関する質問
『今回の授業を通して，「未来のエネルギー政策」や「原子力発電の是非」について実施以前よりも関心を持つようになりましたか。』

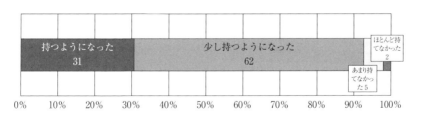

図5-4　「関心度」に関する質問紙調査の結果

関心を「持つようになった」「少し持つようになった」と回答した,「関心度」が高くなった学習者が93％であった。

2)「参画意識」に関する調査の結果

学習者の「参画意識」に関する質問紙調査の結果を,以下の図5-5に示す。

「参画意識」に関する質問

『「未来のエネルギー政策」や「原子力発電の是非」について,意見を表明する機会があった時,様々な形で意見表明をしていこうと思いますか。』

「意見表明しようと思う」「少し意見表明しようと思う」と回答した,「参画意識」が高くなった学習者が51％であった。

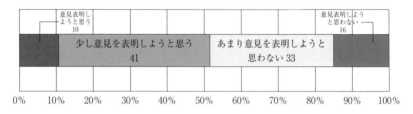

図5-5 「参画意識」に関する質問紙調査の結果

3)「授業評価」に関する質問の結果

学習者の「授業評価」に関する質問紙調査の結果を,以下の図5-6に示す。

「授業評価」に関する質問

『コンセンサス会議という授業形式を良いと思いますか。』

コンセンサス会議を応用した授業形式に対して「良いと思う」「少し良いと思う」と肯定的に回答した学習者が84％であった。

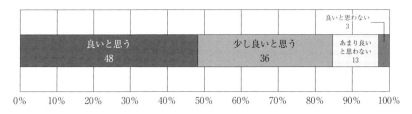

図5-6 授業評価に関する質問紙調査の結果

3．考察

質問紙調査の結果から明らかになったことを以下の3点にまとめる。

①コンセンサス会議の授業の中に3回あった原子力発電の使用に関する意見表明（質問紙調査）の際に，半数以上の学習者が自分の考えを変更していた。このことから，今回のコンセンサス会議を応用した授業が，学習者主体の議論を促して学習者に自分の考えを再検討させるのに有効であるといえる。

②コンセンサス会議の授業を通して「関心度」が高くなった学習者が93％，「参画意識」が高くなった学習者が51％存在したことから，コンセンサス会議のような手法を応用した授業によって，学習者の「関心度」の喚起，「参画意識」の向上が期待できる。

③コンセンサス会議を応用した授業形式に対して「良いと思う」「少し良いと思う」と肯定的な回答をした学習者が84％であったことから，コンセンサス会議を応用した授業への学習者の評価は高いといえる。

さらに，実際に試行したことによって，教師（指導者）側にも利点があることが明らかになった。以下に2点挙げる。

①コンセンサス会議のような定型化された手法が存在することによって，手法の一連の流れを利用して授業計画を立てることができる。
②教師（指導者）が，ファシリテーター・コーディネーターとして中立の立場で授業することができるため，教師（指導者）が特定の価値に依拠することなく授業をすることができる。

　また，「鍵となる質問」の作成過程で明らかになったように，学習者主体の議論を通して共に考えることによって，学習者の中で明瞭でなかった疑問点が整理されて次第に言語化・可視化されたことから，コンセンサス会議を応用した議論を中心とした学習活動によって学習者間の不足分を補い合うことができる等の相互作用が期待される。さらに，全ての班が原子力発電利用の賛否を含む未来のエネルギー政策のあり方についてコンセンサス文書をまとめることができ，合意形成すなわち集団における意思決定を行うことができたことからも，参加型テクノロジーアセスメントの手法の1つであるコンセンサス会議の教育への応用の有用性が期待される。したがって，科学技術社会の未来の共創に向けて科学技術政策の形成過程への国民参画の基盤をつくるために，科学技術政策への関心の喚起及び参画意識の向上を目的として，科学技術の発展を起因とする社会問題を題材に，学習者主体の議論を通して意思決定や合意形成を図る学習活動を支援するための手法として，コンセンサス会議は有効であるといえる。

　しかし，専門的な講義を研究者や技術者から直接受講できたことは学習者にとって価値あるものだった反面，学習者の学力や興味・関心等の実態や学校の実状等を把握していない専門家の講義は学習者にとって難解であったり，論点に偏りがあったり等の問題点もあった。また，様々な専門家からの多様な視点からの講義は批判的な思考やメディアリテラシー等の訓練を受けていない中等教育の学習者には刺激が強く，専門家の個性に影響を受ける問

題点もみられた。したがって，教師が多様な論点・立場を踏まえて第三者的な立場から網羅性や公平性を担保しつつ，学習者の学力や興味・関心等の実態，地域や学校の実状等に合わせて授業を開発する方が妥当であり効果が期待できると考えられる。

そして，コンセンサス会議の標準的な手続きを可能な限り忠実に学校で実施するには，専門家の人選，複数の専門家との事前の打ち合わせや学校に招聘するための日程の調整，専門家への謝礼等の予算，校内の時間割の調整等の様々な課題があり負担が大きく，教育現場での実施は現実的ではないこと等も勘案すると，コンセンサス会議の一連の流れを，その特徴を生かしたまま学校現場の実状に合わせて簡略化した授業の開発の必要性が，本章における試行によって明らかになった。

第4節　小括

本章では，参加型テクノロジーアセスメントの手法の教育への応用の可能性を探るために，原子力発電利用の賛否を含む未来のエネルギー政策を題材に，参加型テクノロジーアセスメントの手法の1つであるコンセンサス会議を応用した授業を試行した。

試行の結果，コンセンサス会議は学習者の議論を促して自分の考えを再検討させるのに有効であり，「関心度」の喚起や「参画意識」の向上が期待できることが明らかになった。さらに，コンセンサス会議を応用した授業への学習者からの評価が高いことからも，参加型テクノロジーアセスメントの手法の1つであるコンセンサス会議の教育への応用は，一定の効果が期待され，コンセンサス会議が実用性のある手法であることが明らかになった。

その一方で，コンセンサス会議の標準的な手続きをそのまま忠実に教育の場で実施するのは，多大な労力・費用・時間がかかり現実的ではないうえに，中等教育の学習者を対象に行う場合には，教師が多様な論点・立場を踏

まえて第三者的な立場から網羅性や公平性を担保しつつ，学習者の学力や興味・関心等の実態，地域や学校の実状等に合わせて授業を開発した方が妥当であり効果が期待できると考えられることから，コンセンサス会議の特徴を生かしたまま，その一連の流れを簡略化した授業の開発の必要性が明らかになった。

そこで，第Ⅲ部では参加型テクノロジーアセスメントの手法を教育現場で応用しやすいように，その特徴を生かしたまま一連の流れを簡略化したうえで授業の開発を試みる。

註
1）図5-1は，図4-1と同じ。
2）アンケート調査は，すべての講義に参加した174名分を集計対象とした。
3）2004年の夏は統計開始以降2番目の猛暑（気象庁，2005）で，本試行がその9月から行われた授業であることから，学習者の意識が地球温暖化を避ける方向に大きく傾いたと考えられる。本研究ではコンセンサス文書をまとめることができたかどうかに着目し，まとめられたコンセンサス文書の内容についての詳細な検討は行っていない。
4）本実践対象の学習者には，コンセンサスという用語には馴染みがないため，授業ではコンセンサス文書ではなく合意文書を使用した。
5）質問紙には8個の質問を設定したが，ここではそのうちの3つについての結果を報告する。残りの質問は，本論の趣旨とは関連性が低いので詳細は割愛する。他の質問の内容は，巻末資料5に付した。

引用文献
科学技術への市民参加を考える会（代表 若松征男）（2002）『コンセンサス会議実践マニュアル』，p.29.
気象庁（2005）報道発表資料「平成16（2004）年の世界と日本の年平均地上気温」http://www.jma.go.jp/jma/press/0502/02a/avgtemp2004.pdf（最終確認日：2018年5月1日）

第Ⅲ部　参加型テクノロジーアセスメントの手法を応用した授業開発

第6章　コンセンサス会議を応用した授業：
　　　　生殖補助医療を題材として

　第Ⅱ部（第4章，第5章）では，科学技術社会の未来の共創へ向けた科学技術政策の形成過程への国民参画を見据え，科学技術の発展を起因とする社会問題を題材に，学習者主体の議論を通して意思決定や合意形成を図る学習活動を支援するための手法を得るために，実際の市民参加の場で使用されている参加型テクノロジーアセスメントの手法の調査を行った。次に，参加型テクノロジーアセスメントの手法の1つであるコンセンサス会議の教育への応用の可能性を探るために，未来のエネルギー政策を題材に試行したところ，コンセンサス会議を応用した授業には一定の効果があり，コンセンサス会議が実用性のある手法であることが明らかになった。

　その一方で，多大な労力・費用・時間がかかり教育の場でそのまま利用することは現実的ではないうえに，中等教育の学習者を対象に行う場合には，教師が学習者や学校の実状に合わせて，コンセンサス会議の一連の流れをその特徴を生かしたまま簡略化した授業開発が妥当であることが試行によって明らかになった。

　そこで本章では，コンセンサス会議の特徴を生かしたまま，その一連の流れを学校の実状に合わせて簡略化し，科学技術の発展を起因とする社会問題を題材に，学習者主体の議論を中心に意思決定や合意形成を図る学習活動を通して，科学技術政策への関心の喚起及び参画意識の向上を意図する授業を開発・実践し実証的に考察する

第1節　開発した授業の概要

1．コンセンサス会議の簡略化

　第5章での授業開発においては，以下の図6-1に示したコンセンサス会議の標準的な手続きの中の主たる要素を抜き出して以下の表6-1のようにまとめ，それをもとに授業案を作成，試行した。

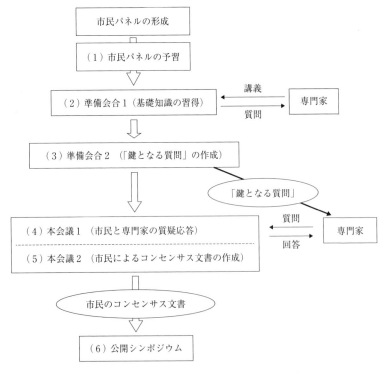

図6-1　コンセンサス会議の標準的な手続き[1]
　　　　（科学技術への市民参加を考える会，2002）

表6-1　コンセンサス会議の要素[2]

> （1）市民パネルの予習
> （2）様々な立場の専門家からの講義
> （3）「鍵となる質問」の作成
> （4）「鍵となる質問」への回答及び質疑応答
> （5）コンセンサス文書の作成
> （6）コンセンサス文書の発表

　本章の目的は，コンセンサス会議をより多くの教師が利用できるように，その特徴を生かしながら，一連の手続きを教育現場の実状に合わせて簡略化した授業案を開発することである。

　そこで，本章で開発する授業においては，第5章でコンセンサス会議の一連の手続きを可能な限り忠実に試行した授業と比較して，以下の2点の簡略化を図った。

① 「（1）市民パネルの予習」と「（2）様々な立場の専門家からの講義」をまとめて「基礎知識の習得」とし，この「基礎知識の習得」の中で教師が争点や立場の違い等も解説する。
② 「（4）『鍵となる質問』への回答及び質疑応答」は，教師が専門家役として対応する[3]。

表6-2　簡略化したコンセンサス会議の要素

114　第Ⅲ部　参加型テクノロジーアセスメントの手法を応用した授業開発

　表6-2に，簡略化したコンセンサス会議の要素を示す。

　次に，簡略化したコンセンサス会議の要素（表6-2）をもとにして，教育現場の実状に合わせ授業用に簡略化したコンセンサス会議の一連の流れを，以下の図6-2に示す。

2．題材の選定

　コンセンサス会議を応用した授業の開発にあたって，以下の2点の理由から「生殖補助医療の法制化」を題材として選定した。

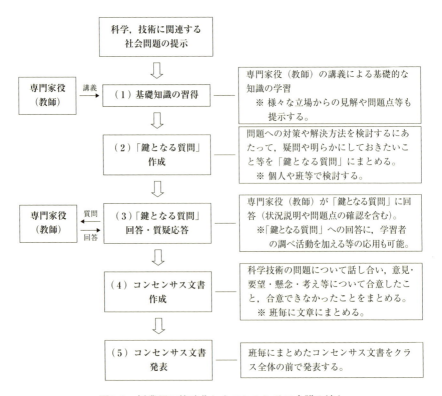

図6-2　授業用に簡略化したコンセンサス会議の流れ

①必要とされる専門的な知識が少ないうえに，学習者にとって既知の内容が多いため，事前学習である「基礎知識の習得」を短時間で行うことができる。
②科学的な内容が比較的平易であるため，理科が専門ではない社会科・家庭科・保健体育科の教師にも取り組みやすく，汎用性の高い授業となり得る。

　生殖補助医療は，不妊症の人々が子供を持てる可能性をひろげるための医療技術であり，人工授精や体外受精等がある。日本では1983年に初めて体外受精による子供が誕生し，体外受精の実施からすでに約35年が経過している。2015年に日本で誕生した約101万人のうち約5万1千人（約5.1％）が体外受精による出生で，現在の日本社会において欠かせない科学技術になっている。その一方で，倫理的な問題点もあるうえに，法的な規制等も未整備のままで課題も多い。
　そこで，体外受精における親子関係等の倫理的な問題に焦点をあてた授業を開発する。具体的には，体外受精時に精子・卵を配偶者間のものを使用するのか，第三者から提供を受けるのか。また，出産するのは妻と代理の第三者のどちらか，それぞれについて選択すると，以下の表6-3に示す8種の

表6-3　体外受精の8類型

	妻（自分）の卵		第三者の卵	
	妻（自分）の子宮	第三者の子宮	妻（自分）の子宮	第三者の子宮
夫（自分）の精子	①夫婦間の体外受精	②代理出産（第三者が出産）	③卵提供を受けて妻が出産	④代理母（卵も出産も第三者）
第三者の精子	⑤精子提供を受けて妻が出産	⑥精子提供を受けて代理出産	⑦胚の提供を受けて妻が出産	⑧胚の提供を受けて第三者が出産

類型が考えられる。この8類型についての国の規制や法律はない。そこで，遺伝的な関係や妻による出産行為の有無等を確認しながら，国としてどこまでを規制し，どこまでを認めるのかを検討する授業を開発する。

生殖補助医療の法制化を題材に，図6-2の簡略化したコンセンサス会議の流れを応用した授業案を，以下の表6-4に示す。

表6-4　生殖補助医療の法制化を題材としたコンセンサス会議の授業案

（1）基礎知識の習得 ・生殖補助医療に関する講義（教師からの講義） ・学習者各自が，表6-3の8類型について許容できるものからできないものまでの順位を考える（個人の作業） ・各自が許容できるのはどこまでか範囲を検討する。さらに，国としてはどこまで認めていくのかについても考える（個人の作業） ・班の中で各自の考えを順番に発表し，その後意見交換を行う（班での作業）
（2）「鍵となる質問」の作成 ・生殖補助医療の法制化へ向けての議論をはじめる前に，知りたいことや疑問点を挙げ，「鍵となる質問」を作成する（班での作業）
（3）「鍵となる質問」への回答及び質疑応答 ・各班からの「鍵となる質問」を専門家役の教師に投げかけ，質疑応答を行う（クラス全体での作業）
（4）コンセンサス文書の作成 ・班毎に，表6-3の8類型について許容できるものからできないものまでの順位を検討する（班での作業） ・次に，国として法律でどこまでを認めるのかその範囲を検討する（班での作業） ・順位や法律で認める範囲，及び懸念されることや配慮すべき事柄を挙げ「コンセンサス文書」としてまとめる（班での作業）
（5）コンセンサス文書の発表 ・各班が順番に，まとめたコンセンサス文書をクラス内で発表する（クラス全体での作業）

第2節　実施概要

1．高等学校における実施例

　　（1）題材　　　　「生殖補助医療の法制化」
　　（2）対象　　　　公立女子高校1年生　50名[4]（SSH選択者）[5]
　　（3）実施科目　　「SS基礎科学」130分（65分×2）
　　（4）実施時期　　2010年2月

2．大学における実践例

　　（1）題材　　　　「生殖補助医療の法制化」
　　（2）対象　　　　私立大学人間学部2～4年生　39名[6]
　　（3）実施科目　　「多文化福祉論」90分[7]
　　（4）実施時期　　2010年11月

第3節　結果及び考察

1．分析方法

　コンセンサス会議を応用した本授業の効果を明らかにするために，授業実施前後に質問紙による調査を行った。本調査では，学習者が授業前に書いた記述内容をもとに，授業後の変化を内省的に振り返り回答する，つまり，学習者自身の変化を他者と相対的に比較するのではなく，自分自身と比較することを重視する質問紙調査[8]を採用した。まず，授業前に質問紙に記入させその用紙を回収した。授業後に，授業前に記入した用紙を再び配布し（変更内容がわかるように），記述内容に変更があれば追加・修正・削除させ，授業

前後の記入内容の変化を比較した[9]。

質問紙には「関心度」及び「参画意識」を問う質問を設定し,「思う」「どちらかといえばそう思う」「どちらかといえばそう思わない」「思わない」の4段階で回答させた。また,それぞれについて回答理由を自由に記述する欄を設けた。

2．質問紙調査の結果及び考察

生殖補助医療への「関心度」「参画意識」について,コンセンサス会議を応用した授業の前後での回答の変化を以下の図6-3～図6-6に,自由記述欄の記述の変化例を表6-5・表6-6に示す。図中の矢印は実施前後での回答の変化の様子を表し,矢印の上の数字はその人数を示している。

(1)「関心度」に関する調査の結果及び考察
「関心度」に関する質問
『生殖補助医療について,関心を持ち,考えたりすることはあなたにとっ

n=48	思う	どちらかといえばそう思う	どちらかといえばそう思わない	思わない
前	24	22	2	0
変化		←11	←1	
後	35	12	1	0

図6-3 「関心度」の変化（高校生）

n=37	思う	どちらかといえばそう思う	どちらかといえばそう思わない	思わない
前	8	22	2	5
変化	←8	←3	←1	
後	17	17	2	1

図6-4 「関心度」の変化(大学生)

て,大切なことだと思いますか。』

　生殖補助医療についての「関心度」が高まった学習者が,高等学校では48名中12名(25%),大学では37名中12名(32%)であった。質問紙調査の「思う」「どちらかといえばそう思う」「どちらかといえばそう思わない」「思わない」の4段階の回答を,それぞれ4点,3点,2点,1点と点数化して量的データ化し,コンセンサス会議実施前と実施後の調査の平均値に差があるかを,対応のある t 検定で分析したところ,高校生・大学生のいずれも有意な差が見られた(高校生 t [47] =3.96, $p<.01$,大学生 t [36] =4.61, $p<.01$)。

　また,授業前に「どちらかといえばそう思わない」「思わない」の回答だった「関心度」の低い学習者の中で「関心度」が高まった学習者が,高等学校では2名中1名(50%),大学では7名中4名(57%)存在した。

　次に,「関心度」が高まった学習者の回答理由の記述例を以下の表6-5に示す。

　授業後に「関心度」の高い学習者の割合が増え,自由記述欄においても記述内容が具体的になり当事者意識の拡大が予想される。したがって,本章に

表6-5 「関心度」が高まった学習者の記述例（高校生）

授業前	生殖補助医療に関していまいちよくわからないので，何とも言えない。
授業後	今日，話を聞いて，もし自分が子供が生めない体だったら……そう考えると，より関心を持って生殖補助医療についての社会の動向や今後の制度について考え，知っていく必要性を強く感じた。

おいて開発したコンセンサス会議を応用した授業は，生殖補助医療への「関心度」の喚起に一定の効果があることが示唆された。

（2）「参画意識」に関する調査の結果及び考察

「参画意識」に関する質問

『生殖補助医療について，一般市民の意見を政策に反映させる機会があったとき，あなたも自分の意見を伝えるべきだと思いますか。』

生殖補助医療の法制化への「参画意識」が高まった学習者が，高等学校で

n=48	思う	どちらかといえばそう思う	どちらかといえばそう思わない	思わない
前	13	23	12	0
変化		←5	←2	
		←4		
後	22	20	6	0

図6-5 「参画意識」の変化（高校生）

n=37	思う	どちらかといえばそう思う	どちらかといえばそう思わない	思わない
前	5	14	13	5
変化	←4 ←1 ←1	←5 ←3	1→	
後	10	19	7	1

図6-6　「参画意識」の変化（大学生）

は48名中11名（23％），大学では37名中14名（38％），低下した学習者が大学で37名中1名（2.7％）であった。質問紙調査の「思う」「どちらかといえばそう思う」「どちらかといえばそう思わない」「思わない」の4段階の回答を，それぞれ4点，3点，2点，1点と点数化して量的データ化し，コンセンサス会議実施前と実施後の調査の平均値に差があるかを，対応のあるt検定で分析したところ，高校生・大学生のいずれも有意な差が見られた（高校生 t [47] =4.62, $p<.01$，大学生 t [36] =6.16, $p<.01$）。

　また，授業前に「どちらかといえばそう思わない」「思わない」の回答だった「参画意識」の低い学習者の中で「参画意識」が高まった学習者が，高等学校では12名中6名（50％），大学では18名中10名（56％）存在した。

　次に，「参画意識」が高まった学習者の回答理由の記述例を以下の表6-6に示す。

表6-6 「参画意識」が高まった学習者の記述例（大学生）

授業前	女性として生きる自分や他の人々のために，少しでも多くの意見を伝えて反映させるべきだと思うが，知識や経験も少ない私が伝えていいのだろうかと迷ったため。
授業後	実際に生殖補助医療を必要とするのは一般市民であり，私もその一員であるから，意見は積極的に伝えるべき。

　授業後に「参画意識」の高い学習者の割合が増え，自由記述欄においても記述内容が具体的になり責任感の向上が予想される。したがって，本章において開発したコンセンサス会議を応用した授業は，生殖補助医療に関する「参画意識」の向上に一定の効果があることが示唆された。

第4節　小括

　本章では，第5章でのコンセンサス会議を応用した授業の試行を踏まえ，コンセンサス会議の特徴を生かしたまま，その一連の流れを学校現場の実状に合わせて簡略化し，生殖補助医療の法制化を題材に授業の開発・実践を行った。
　コンセンサス会議の授業実施前後に行った質問紙による調査の結果，生殖補助医療についての「関心度」が高い学習者の割合が増加した。また，生殖補助医療の法制化に関する「参画意識」が高い学習者の割合も増加した。よって，コンセンサス会議の一連の手続きを，その特徴を生かしたまま簡略化しても，学習者主体の議論を通して意思決定や合意形成を図る手法として実用性があり，「関心度」の喚起や「参画意識」の向上が期待できることが明らかになった。

註
1）図6-1は，図4-1と同じ。

2）表6-1は，表5-1と同じ。
3）本章における実践では「鍵となる質問」の対応をすべて教師が行ったが，学習者による調べ学習等によって「鍵となる質問」の回答を調査する学習活動等も考えられる。定型化した手順が存在することによって，教師の工夫・裁量で修正・応用することが可能である。
4）分析にあたっては，授業に参加した50名のうち，質問紙の回答に記載漏れ等の不備があったものや，すべての授業に参加していない学習者の分を抜いた48名分を分析の対象とした。
5）SSHは，文部科学省が理科や数学を重点的に行う高校を指定する制度であるスーパーサイエンスハイスクールの略。本授業対象の学習者は，実践校においてコンセンサス会議等の科学技術と社会の境界に生じる問題に関する学習経験はなく，本授業が初めての体験である。
6）授業に参加した39名のうち，質問紙の回答に記載漏れ等の不備があったものを除いた37名分を分析の対象とした。
7）高等学校では，この時間内に質問紙調査を行ったので130分の中に質問紙調査の時間を含むが，大学では，この時間外の前後の授業時に質問紙調査を行ったため90分の中に質問紙調査の時間を含まない。
8）以下の文献（石渡，2005）の質問紙調査を参考にした。
　石渡正志（2005）「科学・技術への理解と判断を含む遺伝授業の有効性」『日本科学教育学会年会論文集』第29巻，p.538-539.
9）実施前は鉛筆等の黒で記入させ，実施後には赤等の色ペンで追加・削除・修正を行わせた。

参考文献
浅田義正（2006）『不妊治療Q&A　おしえて先生！　ありがとう先生！』シオン
林かおり（2010）「海外における生殖補助医療法の現状―死後生殖，代理懐胎，子どもの出自を知る権利をめぐって―」『外国の立法』第243巻，pp.99-136.
　http://www.ndl.go.jp/jp/diet/publication/legis/pdf/024304.pdf（最終確認日：2018年5月1日）
一般社団法人日本生殖医学会　生殖医療従事者資格制度委員会（2013）「日本生殖医学会の現状と未来―専門医制度のあり方について―」
　http://www.jsrm.or.jp/announce/040.pdf（最終確認日：2018年5月1日）
科学技術への市民参加を考える会（代表　若松征男）（2002）『コンセンサス会議実践マ

ニュアル』，p.29.
川田ゆかり（2007）『いつまで産める？　私の赤ちゃん』実業之日本社
まさのあつこ（2004）『日本で不妊治療をうけるということ』岩波書店
小笠原信之（2005）『どう考える？　生殖医療』緑風出版
坂井律子・春日真人（2004）『つくられる命』NHK出版
須藤みか（2010）『エンブリオロジスト　受精卵を育む人たち』小学館
諏訪マタニティークリニック
　　　http://e-smc.jp/pog/（最終確認日：2018年5月1日）
辰巳賢一（2001）『不妊治療がよくわかる本』日本文芸社

第7章 シナリオワークショップを応用した授業1：臓器移植法案を題材として

　第6章では，参加型テクノロジーアセスメントの手法の1つであるコンセンサス会議の一連の流れを，その特徴を生かしたまま学校現場の実状に合わせて簡略化し，生殖補助医療を題材に授業を開発した。開発した授業を実践したところ，学習者の「関心度」の喚起及び「参画意識」の向上が期待できることが明らかになった。

　そこで本章では，第4章で取り上げた参加型テクノロジーアセスメントの手法のうちのもう1つの手法である，シナリオワークショップの教育への応用を検討する。題材として臓器移植法案を取り上げ，授業の開発・実践を行う。

　本章におけるシナリオワークショップの授業開発・実践においても，第6章でコンセンサス会議の一連の流れを簡略化したのと同様に，シナリオワークショップの一連の流れを，その特徴を生かしたまま学校現場の実状に合わせて簡略化して授業の開発・実践を行い，実証的に考察する。

第1節　開発した授業の概要

1．シナリオワークショップの簡略化

　シナリオワークショップは，参加型テクノロジーアセスメントの手法の1つである。その特徴は予め用意されたシナリオを4つのフェーズを経て，比較・検討・再構築・評価・選択していく点であり，議論の進め方があまり上手でないと言われる日本の国民にとって定型的な議論の訓練となり得る手法

であり、ディベートの他には具体的な議論・合意形成手法があまり普及していない教育現場にとっても参考になる手法である。以下の図7-1にシナリオワークショップの標準的な手続きを示す。

シナリオワークショップもコンセンサス会議と同様に、その一連の手続きをそのまま学校の授業で実施するのは現実的ではないうえに、中等教育の学習者を対象に行う場合には教師が学習者や学校の実状に合わせて、シナリオワークショップの特徴を生かしたまま、その一連の手続きを簡略化した授業開発が妥当であると考えられる。

そこで本章では、より多くの教師が授業でシナリオワークショップを利用できるよう、予め用意された複数のシナリオをもとに、4つのフェーズを経てシナリオを評価・選択するという、シナリオワークショップの特徴を生かしたまま、その一連の手続きの簡略化を図った[2]。以下の図7-2は、シナ

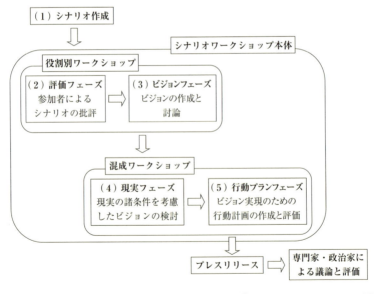

図7-1 シナリオワークショップの標準的な手続き[1]（若松, 2010をもとに作成）

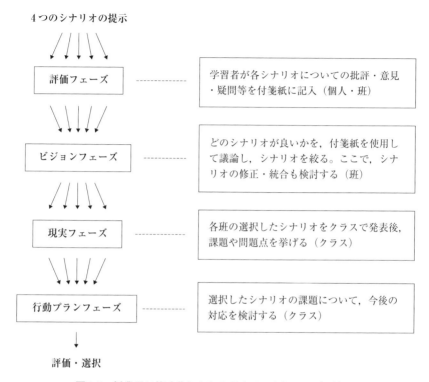

図7-2 授業用に簡略化したシナリオワークショップの流れ
（藤垣，2008をもとに作成）[3]

リオワークショップを授業に導入する場合に想定される一般的な流れを表したものである。

2．題材の選定

本章における，簡略化したシナリオワークショップを応用した授業の開発にあたって，題材として2009年に改正された臓器の移植に関する法律（以降，臓器移植法と記す）を選定した。理由は以下の３点である。

①臓器移植法は複数の改正案が存在するため，単純な賛否では解決できない題材について複数の改正案を比較検討する手法であるシナリオワークショップを応用する題材として適している。
②本授業時に社会で話題になっており，臓器移植に関しての予備知識を学習者が予め持っているため，授業への導入が比較的容易である。
③臓器提供意思表示カードを持っている学習者もおり，教室の中での取り組みではあるが，学習者が当事者意識を持った実社会により近い位置での議論が期待できる。

3．シナリオの準備

授業では，実際に審議された以下のA〜Dの4案に現行法[4]を加えた計5つをシナリオとして学習者に提示した。A案は脳死を一律で人の死の定義としているが，A案以外の案は臓器移植時には脳死を，それ以外の時は心臓死を人の死の定義としている。他にも，脳死の判定基準，臓器提供が可能な年齢制限，第三者による審査の有無等が各法案で少しずつ異なっている。各シナリオ（法案）を提示した後に，各法案が実施された時に，臓器提供者とその家族・臓器移植待機患者とその家族・医者等，社会がどの様な影響を

表7-1　臓器移植法各案（提示した5つのシナリオ）の比較

	C案	現行法	B案	D案	A案
死の定義	心臓死				脳死
提供可能な年齢	15歳以上		12歳以上	なし	
臓器移植の条件	・本人の意思 ・家族の同意			・本人の意思 ・家族の同意 ・第三者審査	・本人の生前拒否無し ・家族の同意
脳死判定基準	5項目＋脳血流停止代謝停止	5項目（深昏睡，自発呼吸の消失，瞳孔固定，脳幹反射の消失，平坦脳波）これらが時間的経過を見ても変化がないこと			

受けるのかについて,事前の講義で解説を加えた。

各法案を比較したものを,表7-1に示す。

4. シナリオワークショップの授業案

図7-2で示した,授業用に簡略化したシナリオワークショップの一連の

表7-2 臓器移植法案の改正を題材にしたシナリオワークショップの授業案

	内容	時間
1校時	【シナリオの提示】 事前講義(教師による講義) ・脳死・心臓死・植物状態の違い ・臓器移植の各国の状況 ・A案〜D案及び現行法の違い	45分
	【評価フェーズ】①(学習者の個人作業) 学習者各自で付箋紙1枚につき1つずつ,臓器移植法の改定案A〜D及び現行法についての批評・意見・疑問等を記入する。	20分
2校時	説明等	5分
	【評価フェーズ】②(班での作業) 意見等を記入した各付箋紙を模造紙に貼りながら,各自が他の班員に批評・意見・疑問等を説明する。	15分
	【ビジョンフェーズ】(班での作業) 各班で評価フェーズの際に出された意見をもとに議論を進め,どの案が良いか,班内で案を絞り選択する。ここで案の修正・統合も検討する。	15分
	【現実フェーズ】(クラスでの作業) 各班が選択した内容(案)を全体で発表しクラス内での様子を全体で共有する。 選択した案を実際に実施するにあたっての問題点や課題を教師が指摘する。	10分
	【行動プランフェーズ】(クラスでの作業) 教師が指摘した問題点や課題を中心にクラス全体で今後の対応について議論する。	15分
	まとめ	5分

流れに従って,臓器移植法案の改正を題材に授業案を作成した。表7-2にその授業案を示す。

第2節　実施概要

1．実施概要

(1) 第1回目
　①題材　　　「臓器移植法案の改正」
　②対象　　　公立女子高校2年生　18名（SSH選択者）[5]
　③実施科目　「SS数理科学」130分（65分×2）
　④実施時期　2009年11月

(2) 第2回目
　①題材　　　「臓器移植法案の改正」
　②対象　　　公立女子高校1年生　121名（3クラス：40名・40名・41名）[6]
　③実施科目　「理科総合A」130分（65分×2）
　④実施時期　2010年2月

2．調査・分析の方法

(1) プロトコル分析

　第1回目の試行では,学習者どうし及び学習者と教師による議論を,ICレコーダーとビデオカメラで記録し,発言をプロトコル化した。これにより学習者主体の議論が活発に行われているか分析した。分析の結果は後述する。

（2）質問紙による調査

　第2回目の試行では，この手法を活用したことによる効果を明らかにするため質問紙による調査を行った。授業前後に同じ質問紙を配布し，質問への回答と自由記述欄の記述内容が，授業前後でどのように変化するかを比較した。プロトコル分析と合わせ，臓器移植法案についての「関心度」と，臓器移植法案の改正に関する「参画意識」の変化を比較し，この手法の教材としての実用性を検証した。検証の結果は後述する。

第3節　結果及び考察

1．会話のプロトコル分析の結果及び考察

　学習者主体の議論においては，発言が特定の学習者に偏ってしまうことや，テーマとは関係のない方向に議論が進んでしまうこと等の多くの問題がある。そこで，シナリオワークショップが，学習者主体の議論・合意形成の手法として実用性があるかという視点で，学習者の発話をプロトコル化したものを分析した結果，以下の4点が確認された。

①ルールや仕掛けの存在により発言しやすい雰囲気が作られ，学習者主体で取り組まれる中でも，議論が散漫にならず，1つの話題に集中して活発に行われていた。
②同意・反対・問いかけの発言が繰り返され，学習者主体の建設的な議論が成立していた。
③互いの知識の不足を補完し合う，学習者間の学び合いの場面が見られた。
④予めシナリオが存在することによって，懸案事項や課題等が明確になっているため学習者間の理解度や認識の差異が可視化されやすく，意思決定や合意形成に向けて整理された議論が行われていた。

以下に，上記の①～④について，具体例を挙げて検証する。Tは指導者，Sは学習者（その後の数字は異なる学習者）を示す。

（1）活発な議論の生成

活発な議論が行われている典型的な具体例として，評価フェーズ②における班内の会話を挙げる。ここでは，各自がA案～D案及び現行法の5案について付箋紙に書いた批評・意見・疑問等を，一枚ずつ模造紙に貼りながら自由に意見を述べている。以下の表7-3にそのプロトコルを示す。

このシナリオワークショップの評価フェーズにおいては，様々な要因が複雑に絡み合い単純な賛否では簡単に語れず議論しにくいものについて，様々な側面を個々に切り離し，また自分の主張とも切り離して，自由に感覚的に述べることが可能である。

例えばS1は，①で臓器提供年齢制限を撤廃すれば臓器移植の件数が増え臓器提供を待つ子供達が喜ぶこと，②では第三者の審査によって冷静な判断ができること，③では脳死の認定審査基準が厳しくなれば生というものを重くとらえることができること，のようにそれぞれ相容れない3つの意見を述べている（波線部）。この例のように，本授業では各自が各案についての特徴や意見や質問を批評として自由に淡々と次々に述べることによって，班内で情報を共有し複雑に絡み合った様々な要因を整理できるうえに，各自の考えを醸成させていくことができたと考えられる。

また，この作業が単純で明確であり，やらなければならない作業も多いため，議論が散漫にならずに1つの話題に集中し活発な議論が進んでいたと考えられる。

（2）建設的な議論の成立（同意・反対・問いかけを含む会話）

建設的な議論が行われている典型的な具体例として，ビジョンフェーズにおける班内の会話（表7-4）と行動プランフェーズにおけるクラス全体の会

表7-3 評価フェーズ②における班内での会話のプロトコル（第1回目の第2校時）

①	S1	えっと，AD案で，脳死，じゃないわ，えっと，年齢制限がないっていうことだったら，子供は大人の臓器をもらえないみたいな話をしていたんで，<u>臓器提供年齢（制限）[7]がなくなれば，臓器を必要とする子供たちにとっては希望が増える[8]</u>んじゃないかなと思いました。
	S2	D案で，なんか，第三者による審査っていうのがどういう点を（配慮して）行われるのかがよくわからない。決めたとしてもなんでそれをジャッジするのかが答えがない。疑問が残る。
	S3	（A案に）しよう。かぶってるけど，いま子供が悲しい思いをしてるんですよ。だからやっぱりここは，ね，赤ちゃんたちが助かるべきで，お金がなきゃいけないし，渡米できないし，（外国）に行けないし。
	S1	（外国）に行く人いるの？
	S2	わたしやっぱD案で，D案は第三者による審査っていうのを，たぶん子供の場合だと思うんだけど，子供はやっぱりそうはいっても意思がはっきりしてないから，そうやって第三者によって適正に審査されるのがいいかなと思いました。審査がどのように行われるかって……その審査がはたして正しく行われるのかってことが……だし。
②	S1	よくわからないんですけど，<u>第三者が審査に入ることによって，主観的じゃなくてもう少し冷静な判断ができるかな</u>って思いました。
	S2	B案で，12歳ってあるじゃん。なんで12歳なのかよくわからない。
	S3	A案に，賛成の理由もう一個。自分の意思，否定しなければ別に親がどうぞって言えばいいじゃん。だからもし一人が亡くなったときに患者の腎臓肝臓……移植してもいいと親が言ってくれれば，それによって何人かの人が救える可能性があるから，やっぱりA案はいいと思う。B案は12歳っていうのは，あたしとしては一番，適切な年齢だと思いました。でも，B案だと乳幼児に対して移植をする場合どうすればいいのかという案が改善されているところが見受けられないので，（問題もあるなと）思いました。
③	S1	何もないC案で，えっと，<u>脳血流と脳代謝で，生というものを重く捉えていると</u>思うので，臓器提供待ってる人には悪いけど，自分がもしも死んだ時のこと考えたりすると，なんか，生きてるって実感があれば嬉しいかな，と思いました。どうぞ。
	S2	大枠で捉えといて個々のケースで考えればいいかなと思って，賛成。
	S3	わたくしはC。てかなんか，自分と受ける側の……なんですけど，これ以上現行法を厳しくして，助ける人を助けらんなくなる可能性がふえるわけで，厳しくすることにメリットはないと思うからDは反対です。
	S4	Cだね。現行法が，やっぱり厳しすぎる。これだと子供が助からないで死んじゃったり外国行ったり，厳しいけど脳死鑑定が（厳しくなったら）今でさえ臓器提供が少ないのに，現行法（よりも）更に減ってしまうと思うので

表7-4 ビジョンフェーズにおける班内での会話のプロトコル（第1回目の第2校時）

④	S5	私，A案は×で，Aだとなんか脳死そのまま人の死ってなってて，臓器移植のために，脳死イコール人の死ってやっちゃうと，私そう思わないし，そう思わない人も
⑤	S6	全部脳死になってない，臓器移植のところで
⑥	S5	ちがうちがう，こっちだとあの，人の死の基準自体を広く脳死にしちゃうってなってて，私はなんか脳死イコール人の死っていう考えが，なんかあんまり好きじゃないから，そう考える人もいるって考えると，臓器移植のためだけにこういうふうにしちゃうのは，あんまり，いいことじゃないと思います。
⑦	S7	なんと，かぶりんこ。一緒，一緒の意見。なんか，あ，ほんとに，ね，臓器移植でない時に脳死にする必要ない。だって，なんか，身長が伸びるって書いてあったじゃん〈略〉
⑧	S8	じゃあ，あえて反抗して。いかんせん，ちょっとそこは気づいていなかったんで何とも言えないんですが。でもぶっちゃけて今の現行法で10年間で80件とか本当，マジ，なめてんだろってぐらいのね広まり方だから，だからこのくらいのことはやらないと，実際意味がないかと思いました。
⑨	S9	はい。このノリだから私はこっちに貼って。死の定義を脳死にするのは，やっぱりまだちょっと，みんなに抵抗があるのかなって。

話（表7-5）の2例を挙げ，以下にそのプロトコルを示す。

　表7-4は評価フェーズでそれぞれの案についての意見や疑問等を言い終わった後に，実際にどの案を選択すべきかを議論しているビジョンフェーズの場面である。④及び⑥でS5が，A案が臓器移植のために死の定義そのものを心臓死から脳死に改定するということへの違和感を訴え，これを⑦でS7が「同意」している。しかし⑧でS8が，死の定義を心臓死から脳死にするくらいの思い切ったことをしないと，臓器移植件数が増えないと「反対」する。この⑧のS8の意見を聞いても，⑨でS9が臓器移植件数を増やすために死の定義を変えてしまうということへの違和感を訴えている（S5への「同意」，S8への「反対」）。

　表7-5は，人の死の定義を一律で脳死にして，臓器移植の年齢制限をなくし，臓器移植をさらに進めていく方向性のA案が良いというビジョンのもとで，考えられる課題等を挙げながらクラス全体で議論している行動プラ

表7-5 行動プランフェーズにおけるクラス全体の会話のプロトコル
（第1回目の第2校時）

⑩	S10	えーと，A案の，あのだいたいはいいと思うんですけど，あの一番ひっかかるのは，A案は人の死そのものを脳死で定めちゃっている，っていうのが一番，やっぱりひっかかっていて，〈略〉だからこの，脳死イコール人の死というところでA案には反対です。
	T	どうぞ，もしくは，追加意見〈略〉
	S11	今の意見に対抗してなんですけど
	T	いや，対抗じゃなくていいですよ。
⑪	S11	大人になったら脳死にしても，そのうち死んじゃうじゃないですか。で，子供であっても何年かはその生きた状態が続くけど，どっちにしろ死んでしまうんなら，親が二度ショックを受けることになると思うし，その移植するってことになったときに，移植する部分が多いのは脳死だから，やっぱり心臓死をもって人の死とするよりは，脳死のままであった方が，なんていうの，助かる人も増えると思うし〈略〉
	T	はい
⑫	S12	脳死についてのさっきの意見（について）。ちょっとあんまりまとまってないんですけど，私たちどっちかというと心臓死だとか脳死だとかそういう言葉に惑わされちゃっているだけで，脳死も，結局は，もう，うまく言えないんですけど，脳が死んでしまったということは，人間としては，もう戻れないじゃないですか。それってやっぱり，死なんじゃないかなって思うので，なかなか受け入れられないかもしれないですけど，そういう言葉に惑わされないで，脳死も死であると，ちゃんと認めていくことが大切なんじゃないかなと私は思います。
	T	はい。
⑬	S13	私は，今ちょっと中途半端な立場で，脳死に関しては人の死だと思います。あの，もともと，昔は人工呼吸器なんてなかったんだから，動かなくなった突然に，脳死になった時点でたぶん心臓が止まっちゃうし，そのまま死ってことになってたんだから，たぶん科学の力でねじまげちゃっている。なんか無理矢理生かしちゃってる，っていう感じも確かに否めない，と思うんで，もう本当に，脳死になっちゃったら，もうその人はもとには戻らないってことを，受け入れるべきだと思うんですけれど。
	S14	あの，私が，A案にいきしぶっちゃったのは，あの，なんか年齢が幼い子供に対して，なんか，規制がかかんないっていうか，第三者の目がないっていうのがちょっと不安に思ったんですよ。〈略〉
	T	はい，あと一分くらいなんですけど，もう少し時間を延長する？しても大丈夫？5分10分くらい大丈夫そう？そしたらもう少し言いたいこと言っておこうか。

⑭	S14	〈略〉最終的に決めるのは家族の意見，今はそうですし，家族の意見になっちゃっているので，そんなに，当人の意思がどうとかいうのは，関係ないのかなと思いました。脳死が，人の死だというふうに認識されるのは，あんまり脳死ってこと自体がちゃんと認知されていないので，あまり広まらないと思うんで，心臓死だろうが脳死だろうが多分そういうこともひっくるめて人の死だというふうにみんな認識していると思うんで，あんまり強制されるわけでもないし，家族が拒否すればいいと思うんで，人の死が，心臓死から脳死に代わるというのもそこまで関係ないのかなと思います。
	T	はい，他は？
⑮	S10	さっきの意見に，ちょっと，もの申したいんですけど，あの，S13さんは，あのー，脳死は，やっぱり，あのー，脳が死んだら，もうやっぱり，死亡で，それを受け入れるべきだっていうのを，言ってたんですけど，でも，それはやっぱり，あのー，考え方の問題なんじゃないかなと思うんですよ。私は，実際，脳死は人の死だとは思わないんです。で，あの心臓が，あの科学で無理やりねじまげたんであっても，心臓が動いて，血が流れてあったかいうちは，やっぱり生きてるって思うんです。
	T	はい，他は？
⑯	S13	こたえ？　私の答えをじゃあ，言わせてもらいます。もしも，えーと，心臓が動いてるとか生きてるって，そういうふうに考える人もたくさんいると思う，というのであれば，逆に私達は今，心臓死という言葉で死というものを定義されているじゃないですか。もしかしたら考え方によっては，そこに肉体が存在しているというだけで，生きていると信じたい人もいるかもしれないじゃないですか。それをかえりみる，この定義って，難しいんですけど，そのように，やっぱりふりまわされているだけだから，はっきり言ってしまえば，その心臓死，脳死で死の定義をつけるということに，そこまでこだわる必要はないのじゃないかなというのが私の意見ですが〈略〉

ンフェーズの場面である。

⑩でS10が，人の死をすべて一律に脳死と一般化することに抵抗感があると伝えている。

しかし⑪でS11から，死の定義が脳死と心臓死と二段階になってしまい混乱が生じること，⑫でS12から，脳死からの生還はないのだから言葉に惑わされずに脳死を死の定義にすること，⑬でS13から，脳死状態は本来の死の状態であって心臓が動いているのは科学でねじ曲げられた無理矢理な状態であると3人から「反対」意見が出される。

次に⑭でS14が，最終的な決定権は家族にあるので家族が脳死についての考え方をきちんと認識できればよいのではないかと改善策（「問いかけ」）を提案する。

それに対して⑮でS10（⑩で述べた学習者）が，どうしても心臓が動いているうちは死とは思えないと「反対」している。

しかし，⑯でS13から，死んでいても死んでいないと思うこともできてしまうのだから，死の定義にこだわる必要がなく考え方の問題であると「反対」される。

表7-4・表7-5の2例のプロトコル分析から「同意」「反対」「問いかけ」を繰り返し，内容を深めながら学習者主体の議論が成立していることが確認できた。抽象的で表現しにくい内容についても，5つの案（シナリオ）が予め用意されているので，自分の考えに近い案（シナリオ）に補足を加え修正しながら，自分の意見として述べることができており，シナリオワークショップに学習者主体の議論を支援する手法としての実用性があると考えられる。

（3）学習者どうしの「学び合い」の生成

学習者どうしの「学び合い」を含む会話の典型的な具体例として，表7-6・表7-7の2例を挙げ，以下にそのプロトコルを示す。

このようなコミュニケーションを中心にした授業においては，質問したいときに気軽に質問し，学習者どうしで互いに高め合いながら議論を進めていくことが可能である。今回の実践においても，講義で解説した基本的な内容

表7-6 班内での会話のプロトコル

S15	逆に自分がドナーになったら？
S16	ドナー？ 受け取る方ってなんていうの？
S15	レシピエント。レシピエントになると早くして欲しいって思うよね。

表7-7 班内での会話のプロトコル

S17	心臓死ってなんだ？
S18	心臓死は……
S17	何もしなかったら死んじゃう？
S18	死んでる。究極だよ、生物の死だよ。
S17	あれ、じゃあ、え、じゃあ脳死と心臓死ってどっちが重い？重いっていうか……
S18	心臓死だよ。
S17	脳死の状態は心臓死じゃないの？
S19	心臓の機能が動いているから。
S18	心臓を動かしているっていう感じ。
S20	酸素をあげれば……
S17	あ、そうなんだ。
S18	それで人工呼吸器で呼吸する。心臓死の人は酸素を送っても、もう
S17	あ、じゃあ脳死イコール人の死ではないけど、心臓死の人イコール脳死。
S18	うん
S17	へー

から細かい受け取り方のニュアンスまで、様々な場面で学習者どうしの「学び合い」を確認することができた。

（4）意思決定や合意形成過程における整理された議論の生成

　意思決定や合意形成過程において整理された議論が行われている典型的な具体例として、ビジョンフェーズにおける班内の会話の2例（表7-8・表7-9）を挙げ、以下にそのプロトコルを示す。

　表7-8・表7-9は、ビジョンフェーズにおいて、現行法及びAからDの5つの案から1つを絞り込む過程での議論の様子である。表7-8の⑰では臓器移植についての本人の意思表示の有無について、表7-8の⑱・表7-9の㉑では臓器移植の年齢制限について、表7-8の⑲・表7-9の⑳では人の死の定義を脳死と心臓死のどちらにするか、それぞれ班員間で認識の

表7-8 ビジョンフェーズにおける班内での会話のプロトコル（第1回目の第2校時）

	S22	A案とD案を混ぜたい。
	S25	D案が結構よさげだよね。
	S22	A案がいきすぎで，D案がもうちょっといってほしい感じだから，混ぜたらちょうどいい感じ。
⑰	S21	本人の意思なしにすれば。
	S22	本人の意思なしでいいと思う。
	S24	ね，ちょっと待って。じゃあA案の問題点っていうのは？
⑱	S22	年齢制限はなくていいと思う。
	S23	じゃあみんなで意見が一致しているの，なんか年齢制限があるほうがいいって思っている人がいたらあれだけど，年齢制限ってことは，AかBから，あ，ちがう，AかDから選ぶってことか，どっちかってことだよね。
	S22	AかDだったら
	S23	A（S21 S22が手を挙げる）　D（S24 S25が挙げる）　分かれた。
⑲	S22	これがものすごいネックなんだよ。この脳死イコール人の死が。

表7-9 ビジョンフェーズにおける班内での会話のプロトコル（第1回目の第2校時）

	S29	よしじゃあ，どっしよっか？
	S30	A案はうちてきには，生前拒否なしっていうのはまあ，フランスとかアメリカとかやってるからいいかなあと思うけど，なんか，死の定義がなんか，なんかA案だけなんか脳死って，なんか心臓死にしといてやれよみたいな。
	S29	どれも一長一短あるから，長所全部かき集めればなんとかなるかなみたいな。じゃあ，理想案としては，逆に，そっから考えてみようか。
⑳	S26	えーじゃあ，臓器移植時の死の定義は？
	全員	脳死
	S26	それ以外の死の定義は？
	全員	心臓死
㉑	S26	じゃあ年齢制限は，あり，なし
		あり派の人（S28が手を挙げる）　なし派の人（S26 S27 S29 S30が手を挙げる）
	S30	何であった方がいいと思うの？
	S28	やっぱり子供のうちでさ，臓器移植の知識とかも浅いし，実際知ってるわじゃないし，親の同意だけで，自分の臓器，ま死んじゃうけど，提供するのを勝手に決められるのがなんかちょっと違和感，個人的な違和感。

差異の確認や意見調整が行われている。予めシナリオが存在しているため課題や争点が明確になり，意思決定や合意形成に向けた議論が整理され進めやすくなっていたと考えられることから，シナリオワークショップが学習者主体の議論を支援する手法として機能しているといってよいだろう。

（5）プロトコル分析の考察

　ここまでのプロトコル分析の結果から，参加型テクノロジーアセスメントの手法の1つであるシナリオワークショップを応用することによって，以下の4点が明らかになった。

①ルールや仕掛けの存在により発言しやすい雰囲気が作られ，学習者主体で取り組まれる中でも，議論が散漫にならず，1つの話題に集中して活発に行われていた。
②同意・反対・問いかけの発言が繰り返され，学習者主体の建設的な議論が成立していた。
③互いの知識の不足を補完し合う，学習者間の学び合いの場面が見られた。
④予めシナリオが存在することによって，懸案事項や課題等が明確になっているため　学習者間の理解度や認識の差異が可視化されやすく，意思決定や合意形成に向けて整理された議論が行われていた。

　したがって，シナリオワークショップが，学習者主体の議論を支援する方法として機能しており，意思決定や合意形成を図る学習活動を行うための手法として実用性があることが示唆された[9]。

2．質問紙による調査の結果及び考察

　この手法を活用したことによる効果を明らかにするため，質問紙による調査を行った。本調査においては，学習者が授業前に書いた記述内容をもと

に，授業後の変化を内省的に振り返り回答する，つまり，学習者自身の変化を他者と相対的に比較するのではなく，自分自身と比較することを重視する質問紙調査を採用した[10]。まず，シナリオワークショップの授業前に質問紙に記入させ用紙を回収した。授業後に，授業前に記入した用紙を再び配布し（変更内容がわかるように），記述内容に変更があれば修正させ，授業前後の記入内容の変化を比較した[11]。

質問紙には「関心度」及び「参画意識」を問う質問を設定し「思う」「どちらかといえばそう思う」「どちらかといえばそう思わない」「思わない」の4段階で回答させた。また，それぞれについて回答理由を自由に記述する欄を設けた[12]。

以下の図7-3・図7-4はその結果を示したものである。図中の矢印は，実施前後での回答の変化の様子を表し，矢印の上の数字はその人数を示している。

（1）「関心度」に関する調査の結果
「関心度」に関する質問

『脳死による「臓器移植法案」について，関心を持ち考えたりすることは

n=108	思う	どちらかといえばそう思う	どちらかといえばそう思わない	思わない
授業前	59	47	2	0
変化		←16		
		1→	1→	
授業後	74	31	3	0

図7-3 「関心度」の変化

あなたにとって，大切なことだと思いますか。』

臓器移植法案についての「関心度」が高まった学習者は108名中16名（15%），低下した学習者は2名（1.9％）であった。質問紙調査の「思う」「どちらかといえばそう思う」「どちらかといえばそう思わない」「思わない」の4段階の回答を，それぞれ4点，3点，2点，1点と点数化して量的データ化し，シナリオワークショップ実施前と実施後の調査の平均値に差があるかを，対応のあるt検定で分析したところ有意な差が見られた（$t[107]=3.69, p<.01$）。

次に「関心度」が変化した学習者の自由記述欄の一例を以下の表7-10・表7-11に示す。

授業後に「関心度」の高い学習者の割合が増え，自由記述欄においても記

表7-10 「関心度」が高まった学習者の記述例

授業前	臓器移植はいつ必要になるかわからないし様々な人の立場を知る必要があると思うから。
授業後	臓器移植を自分が必要とされた場合（提供する側になった場合）のことを考え，自分の意思をしっかり持っておくべきだと思う。
授業前	自分や身近な人にまったく関係のない話とも限らないから。
授業後	短い時間で解決できることではないので，関心を持ったり，考えたり，話し合うことは大事だと思う。答えが出なくても，考えることは大事だと思う。

表7-11 「関心度」が低下した学習者の記述例

授業前	私自身や家族知人等に今まで深い関わりがなかったため，身近であるという認識はないため。
授業後	考えることは大切だと思いますが，必ず問題点は出てくるし，一番良い方法というのは見つからていることを受け入れて考えていくことが大切。

述内容が具体的になり，責任感の向上が予想される。したがって，本章において開発したシナリオワークショップを応用した授業は，臓器移植法案への「関心度」の喚起に一定の効果があることが示唆された。

（2）「参画意識」に関する調査の結果

「参画意識」に関する質問

『脳死による「臓器移植法案」について，一般市民の意見を政策に反映させる機会があった時，あなたも自分の考えを伝えるべきだと思いますか。』

「参画意識」についての質問では，肯定的に変化した学習者が108名中30名（28 %），否定的な変化をしたのは108名中1名（0.92 %）であった。質問紙調査の「思う」「どちらかといえばそう思う」「どちらかといえばそう思わない」「思わない」の4段階の回答を，それぞれ4点，3点，2点，1点と点数化して量的データ化し，シナリオワークショップ実施前と実施後の調査の平均値に差があるかを，対応のあるt検定で分析したところ有意な差が見られた（$t[107]=7.16, p<.01$）。

n=108	思う	どちらかといえばそう思う	どちらかといえばそう思わない	思わない
授業前	16	49	40	3
変化	←13	←12		
	←4			
	←1			
		1→		
授業後	34	47	25	2

図7-4 「参画意識」の変化

表7-12 「参画意識」が高まった学習者の記述例

授業前	私なんかじゃなく，その必要性を実感している人たちが意見を伝えていくべきだと思う。その方が伝わりやすいと思う。
授業後	できるだけ多くの国民の意見を聞くべきだと思う。臓器移植を待っている人やそうでない人，年齢等に関係なく，色々な人の意見を聞いて，よりよい結論を出すことが理想だと思う。
授業前	より多くの意見があった方が良いと思うから。
授業後	自分が想像もつかないような全く違う考えを持っている人が沢山いることがわかったので，様々な意見をできるだけ尊重するためにも，多くの人が自分の考えを伝えるべきだと思う。

表7-13 「参画意識」が低下した学習者の記述例

授業前	人によって意見が違うから。
授業後	政治家だけの意見では盲目的になっているところもあるかもしれないが，にわかの知識で下手に口だしするより，深い考えをもって意見をだしている政治家に任せた方がいい気がする。

次に「参画意識」が変化した学習者の自由記述欄の一例を，表7-12・表7-13に示す。

授業後に「参画意識」の高い学習者の割合が増え，自由記述欄においても記述内容が具体的になり，当事者意識の拡大が予想される。したがって，本章において開発したシナリオワークショップを応用した授業は，臓器移植法案に関する「参画意識」の向上に一定の効果があることが示唆された。

(3) 質問紙調査の結果の考察

質問紙調査の結果，臓器移植法案についての「関心度」が高い学習者の割合が増加した。また，臓器移植法案の改正に関する「参画意識」が高い学習者の割合も増加した。自由記述欄においても記述内容が増えて具体的にな

り，当事者意識の拡大と責任感の向上が予想される．したがって，本章において開発したシナリオワークショップを応用した授業は，臓器移植法案に関する「関心度」の喚起，「参画意識」の向上に一定の効果があることが示唆された．

第4節　小括

　本章では，臓器移植法案の改正を題材に，テクノロジーアセスメントの手法の1つであるシナリオワークショップを応用した授業案を開発・実践した．その結果，このシナリオワークショップが学習者の主体的な参加を促しながら議論を成立させ，活発な討論を進めることを支援する方法として機能しており，意思決定や合意形成を図る学習活動を行うための手法として実用性があることが確認できた．また，この手法を利用することによって，取り組んだ内容に対しての「関心度」の喚起や「参画意識」の向上が期待できることが明らかになった．

　本実践から，学習者主体の議論を中心に情報を吟味し，検討，修正，判断，意思決定といった一連の流れを体験することを意図した授業を行う際に，このシナリオワークショップの一連の流れを，その特徴を生かしたまま簡略化しても実用性があることが示唆された．

　科学技術社会の未来の共創へ向けた科学技術政策の形成過程への国民参画の基盤をつくるために，科学技術政策への関心の喚起及び参画意識の向上を目的とし，科学技術の発展を起因とする社会問題を題材に，学習者主体の議論を通して意思決定や合意形成を図る学習活動を支援する手法としてのシナリオワークショップの実用性が明らかになった．

註
1）図7-1は図4-2と同じ

2）シナリオワークショップは，実際の現場ではその一般的な構成を変更・整理・再編成して取り組まれている。例えば，役割別ワークショップを行わずに混成ワークショップだけを行っている例（平川，2002）や，ビジョン作りとしてシナリオの修正・統合を行っている例（藤沢・糸長，2005）がある。そこで本研究では，予め用意された複数のシナリオをもとに，4つのフェーズを経てシナリオを評価・選択するという点をシナリオワークショップの特徴として生かして授業開発を行った。
3）図7-2は，左側のシナリオワークショップの流れを模式的に表したチャート図（藤垣，2008）の右側に，シナリオワークショップを授業に導入する場合に想定される活動を書き加えたものである。なお，チャート図も一部変更してある。
4）2009年6月にA案が衆議院を通過している。本授業はA案通過後の実践であるが，改正前の法律を現行法として扱った。
5）SSHは，文部科学省が理科や数学を重点的に行う高校を指定する制度であるスーパーサイエンスハイスクールの略。本授業対象の学習者は，実践校においてコンセンサス会議やシナリオワークショップ等の科学技術と社会の境界に生じる問題に関する学習経験はなく，本授業が初めての体験である。SSHの女子高校における授業であるが，本実践によってシナリオワークショップの実用性や課題を顕在化させる。
6）本実践は1回目の実践と同一の学校である。授業は投げ込みの教材として行い，実施にあたっては，その流れ・構成・時間配分等に3クラス間で差がないよう配慮した。また，質問紙調査の事前事後の回答の結果にも3クラス間で傾向に大きな差はなかった。よって，図7-3・図7-4においては3クラスのデータをまとめて報告する。なお，本授業に参加した121名のうち，質問紙の回答に記載漏れ等の不備があったものや，すべての授業に参加していない学習者の分を抜いた108名分を分析の対象とした。
7）ICレコーダーとビデオカメラで記録した会話をプロトコル化した際に，会話が不鮮明でその内容に確信が持てない箇所は予想される会話の内容を（　）内に記入した。
8）学習者の発言中の下線は，強調のために筆者が付したものである。以降の下線も同様である。
9）本研究のプロトコル分析においては，議論が成立しているかどうかを検討しながら，シナリオワークショップの実用性に焦点をあてた検討を行った。しかし，プロトコルを精査すると「臓器提供拒否の意思表示カード」や「国民への普及啓発の振興」等，学習者が考える改善案等が会話の中に含まれており，当事者意識をもって主体的に参加していることがうかがえる内容の発言があったことを付記しておく。

10) 以下の文献（石渡，2005）の質問紙調査を参考にした。
   石渡正志（2005）「科学・技術への理解と判断を含む遺伝授業の有効性」『日本科学教育学会年会論文集』第29巻，p.538.
11) 実施前は鉛筆等の黒で記入させ，実施後には赤等の色ペンで追加・削除・修正を行わせた。
12) 質問紙には質問を3つ設定したが，ここではそのうちの2つについての結果を報告する。残りの1つの質問は「科学技術は今後も発展を続けると考えられますが，21世紀後半の我々の生活は，現在よりも幸福な生活になっていると思いますか。」である。これは，今回の授業によって，未来を悲観的に捉えてしまうことがないかを確認するために設定した。2名が否定的な方向へ移動したが，本論の趣旨とはずれるので詳細は割愛する。質問紙は巻末に資料7として付す。

引用文献

平川秀幸（2002）「デンマーク調査報告書―シナリオワークショップとサイエンスショップに関する聴き取り調査」
   http://hideyukihirakawa.com/sts_archive/techassess/denmarkreport.pdf（最終確認日：2018年5月1日）
藤垣裕子（2008）「市民参加と科学コミュニケーション」藤垣裕子・廣野喜幸 編『科学コミュニケーション論』東京大学出版会，p.250.
藤沢直樹・糸長浩司（2005）「シナリオワークショップを用いた二層構造の住民参加による合意形成―福岡県北九州市若松区における環境モデル都市『若松』づくりを事例として―」『日本建築学会大会学術講演梗概集，E-2』，pp.545-548.
若松征男（2010）『科学技術政策に市民の声をどう届けるか』東京電機大学出版局，pp.29-33.

第8章 シナリオワークショップを応用した授業2：未来のエネルギー政策を題材として

　第7章では，シナリオワークショップの一連の手続きを，その特色を生かしたまま簡略化し，臓器移植法案を題材に授業を開発した。開発した授業を実践したところ，シナリオワークショップが学習者主体の議論を通して意思決定や合意形成を図る手法として実用性があり，この授業によって臓器移植法案への「関心度」の高い学習者の割合が増加し，「参画意識」が高い学習者の割合が増加した。

　そこで本章では，シナリオワークショップが臓器移植法案だけでなく，他の題材にも応用可能な汎用性の高い手法であることを示すことを目的として，未来のエネルギー政策を題材に授業を開発・実践し実証的に考察する。

第1節　開発した授業の概要

1．題材の選定

　本章における簡略化したシナリオワークショップを応用した授業の開発にあたっては，題材として未来のエネルギー政策を選定した。その理由は，本授業の約3ヶ月前に東日本大震災の影響による福島第一原子力発電所の爆発事故が発生し，原子力発電利用の賛否を含むエネルギー政策が社会的な関心事だったからである。

2．シナリオの準備

　シナリオワークショップは賛否のような二者択一ではなく，複数のシナリ

オをもとに議論が進められる。そこで，最初に提示するシナリオとして，日本学術会議東日本大震災対策委員会エネルギー政策の選択肢分科会が2011年6月に提言した「日本の未来のエネルギー政策の選択に向けて―電力供給源に係る6つのシナリオ―」（日本学術会議，2011a）及び2011年9月に報告した「エネルギー政策の選択肢に係わる調査報告書」（日本学術会議，2011b）を参考にした。この報告書では，原子力発電を速やかに廃止するものから，将来における中心的な低炭素エネルギーと位置付けるものまで，幅広い6つのシナリオが検討されている。各シナリオには，火力や原子力等の各種発電方法による発電量の，年間の総発電量に占める割合と経年変化が2011年から30年間にわたってグラフで示されている。

シナリオワークショップにおいて，学習者が複数のシナリオを比較検討しながらワークショップを進めるにあたって，予め用意されるシナリオの数は4つが標準的である。この報告書には6つのシナリオが示されているが，6つ全てを提示するのは多いため，本章で開発する授業では5つのシナリオを選択して提示した。以下にその5つのシナリオ A～E の概要を示す[1]。

①シナリオ A
「速やかに原子力発電を停止し，当面は火力で代替しつつ順次再生可能エネルギーによる発電に移行する」（図8-1）

②シナリオ B
「5年程度かけて原子力発電を停止し，不足分は火力及び再生可能エネルギーで代替しつつ順次再生可能エネルギーによる発電に移行する」（図8-2）

③シナリオ C
「今後30年の間に寿命に達した原子炉より順次停止する。その減少分を再

第8章 シナリオワークショップを応用した授業2　151

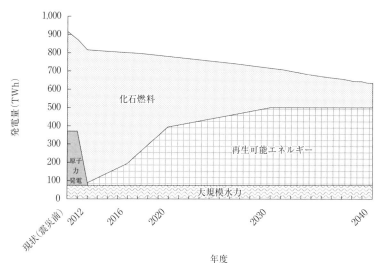

図8-1　シナリオA

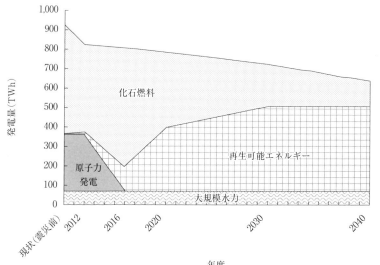

図8-2　シナリオB

152　第Ⅲ部　参加型テクノロジーアセスメントの手法を応用した授業開発

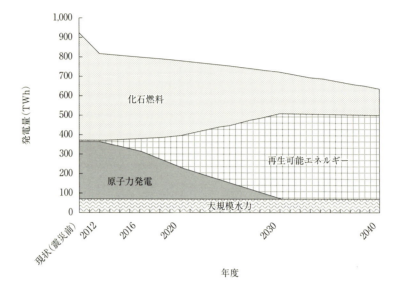

図8-3　シナリオC

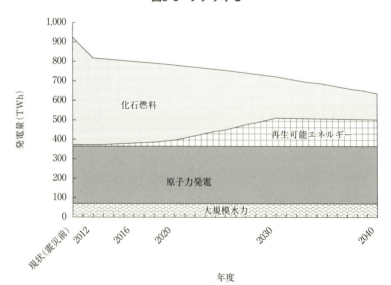

図8-4　シナリオD

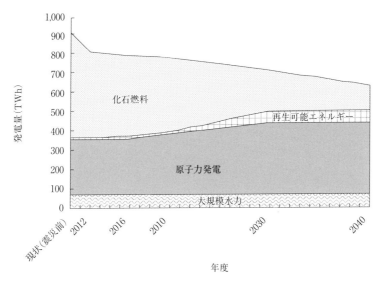

図8-5　シナリオE

生可能エネルギーで代替する」(図8-3)

④シナリオD

「原子力発電に，より高い安全性を追求しつつ寿命に達した原子炉は設備更新し，現状の原子力発電の規模を維持する。同時に再生可能エネルギーの導入拡大を図る」(図8-4)

⑤シナリオE

「原子力発電に，より高い安全性を追求しつつ原子力発電を将来における中心的な低炭素エネルギーに位置付ける」(図8-5)

3. 未来のエネルギー政策を題材としたシナリオワークショップの授業の開発

本章では，シナリオワークショップの前に電力や電力量等の電気に関する基本概念の確認や各種発電方法による発電の仕組みや放射線に関する講義，また，原子力発電利用に関する政策等の講義を行った。

次に，前章で教育への応用のために一連の手続きを簡略化したシナリオワークショップを利用し（図8-6），未来のエネルギー政策を題材に3授業

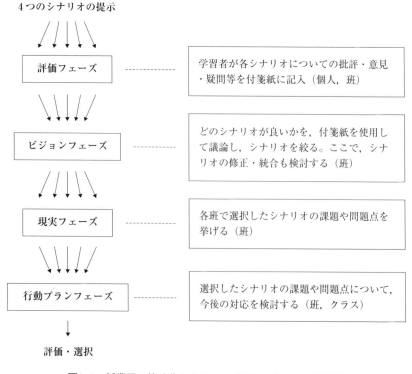

図8-6 授業用に簡略化したシナリオワークショップの流れ
（藤垣，2008をもとに作成)[2]

表8-1 未来のエネルギー政策を題材にしたシナリオワークショップの授業案

事前学習 講義 50分×8回 ＋ 夏休みの宿題	【教師による講義】 （1）電流・電圧・電力・電力量の関係の確認 （2）家電製品の消費電力の比較及び家庭における電気使用量（時間帯別，月別等） （3）家庭・学校・施設等の消費電力量の比較 （4）エネルギー資源の種類と発電の仕組み，原子力発電と火力発電の類似性 （5）放射線の種類と性質及び人体への影響 （6）再生可能エネルギーの種類と可能性，地球温暖化との関連性 （7）日本の電源構成の推移と各家庭の電気使用量の推移 （8）日本・世界の原子力政策，放射性廃棄物
	【夏休みの宿題】 （9）原子力発電や節電等に関連したTV番組の視聴及び感想文の提出 （10）原子力発電及び再生可能エネルギーを含む各種発電方法のメリット及びデメリットの調査
シナリオワーク ショップ 50分×3回	【シナリオの提示】 （1）A～Eの各シナリオについて，以下のどれがあてはまるか検討する（各自で） 「脱原発」「反原発」「原子力発電の推進」「化石燃料使用の削減」 「省エネ・節電」「再生可能エネルギーの推進」 【評価フェーズ】 （2）各シナリオの批評・評価①（各自で） A～Eの各シナリオについて批評・評価（質問・疑問・意見・懸念されること等）を付箋紙一枚につき1つずつ記入する。
	（3）各シナリオの批評・評価②（各班で） 各付箋紙に書いた内容を一枚ずつ順に読み上げながら，模造紙（各班に一枚）に貼っていく。記載内容が似ている付箋紙はまとめる。 【ビジョンフェーズ】 （4）シナリオの選択（各班で） A～Eの各シナリオの中から，どのシナリオがよいか選択する。その際シナリオの統合や追加や修正を行ってもよい。
	【現実フェーズ】 （5）現実を踏まえ，選択したシナリオについての課題や問題点を挙げる（各班で） 【行動プランフェーズ】 （5）で挙げた課題について，対応策や解決方法を検討する（各班で） （6）各班が選択したシナリオについて，選んだ理由及びそのシナリオの課題と対応策を全体の前で発表する（クラスで） （7）各班の到達点を教師が確認し，全体で共有する。

時間に渡って行う授業を開発し実施した[3]。表8-1にその概要を示す。

第2節　実施概要

1．実施概要

　（1）題材　　　「未来のエネルギー政策」
　（2）対象　　　公立高校2年生　79名[4]（2クラス：40名・39名）[5]
　（3）実施科目　「理科基礎」
　（4）実施時期　事前学習　2011年6月：50分×8回，夏休みの宿題
　　　　　　　　シナリオワークショップ　2011年10月：50分×3回

第3節　結果及び考察

1．調査及び分析の方法

　本授業の効果を検証するために質問紙による調査を行った。本調査では，学習者が授業前に書いた記述内容をもとに，授業後の変化を内省的に振り返り回答する，つまり，学習者自身の変化を他者と相対的に比較するのではなく，自分自身と比較することを重視する質問紙調査を採用した[6]。事前学習終了後でシナリオワークショップの授業前の時間に質問紙を記入させ用紙を回収した。次にシナリオワークショップによる授業の後に，授業前に記入した用紙を再び配布し（変更内容がわかるように），記述内容に変更があれば追加・削除・修正させ，授業前後の記述内容の変化を比較した[7]。

　質問紙には「関心度」及び「参画意識」を問う質問を設定し「思う」「どちらかといえばそう思う」「どちらかといえばそう思わない」「思わない」の4段階で回答させた。また，それぞれについて回答理由を自由に記述する欄

を設けた。図中の矢印は実施前後での回答の変化の様子を表し，矢印の上の数字はその人数を示している。

2．質問紙調査の結果及び考察

「関心度」「参画意識」について，シナリオワークショップの授業前後での回答の変化を以下の図8-7・図8-8に，回答理由の記述内容の変化を以下の表8-2〜表8-8に示す。

(1)「関心度」に関する調査の結果及び考察

「関心度」に関する質問

『今後のエネルギー政策（原子力発電や再生可能エネルギーの推進・削減等）について，関心を持ち，考えたりすることは，あなたにとって大切なことだと思いますか。』

未来のエネルギー政策についての「関心度」が高まった学習者は71名中9名（13％）であった。質問紙調査の「思う」「どちらかといえばそう思う」「どちらかといえばそう思わない」「思わない」の4段階の回答を，それぞれ

n=71	思う	どちらかといえばそう思う	どちらかといえばそう思わない	思わない
授業前	29	36	3	3
変化	← 7	← 1	← 1	
授業後	38	29	2	2

図8-7 「関心度」の変化

4点，3点，2点，1点と点数化して量的データ化し，シナリオワークショップ実施前と実施後の調査の平均値に差があるかを，対応のある t 検定で分析したところ有意な差が見られた（$t[70]=3.77, p<.01$）。

　学習者は，この授業の前の約半年間に福島第一原子力発電所の爆発事故，計画停電，夏の大規模な節電等を経験しているため，また，この質問紙調査の前に発電方法やエネルギーに関する事前学習を行っているため，エネルギー政策について関心を持つことが大切なことだと「思う」「どちらかといえばそう思う」の肯定的な回答をした学習者が授業前に71名中65名（92％）存在していた。このように，もともとエネルギー政策への「関心度」が高い学習者が多い状況でも，授業後に「関心度」が高まった学習者が13％存在した。特に，エネルギー政策への「関心度」が低い「どちらかといえばそう思わない」「思わない」と回答した学習者6名中の2名（33％）の「関心度」が高まったことからも，このシナリオワークショップを応用した授業に一定の効果があったことが示唆された。

　次に，エネルギー政策への「関心度」に関する質問の回答理由の記述内容の変化を分析する。まず，エネルギー政策への「関心度」が高まった学習者の記述のうち特徴的な例を以下の表8-2・表8-3に示す。

　表8-2の例では，授業前に「日本のこと」「日本の状況を日本人が」と書かれていたものが，授業後には「私たちが」「自分の将来のこと」に変わっ

表8-2　「関心度」が高まった学習者の記述例①

授業前	日本のことだし大切だと思う[8]。
授業後	私たちが考えていかなきゃいけないことだと思うし，大事。
授業前	今おかれている日本の状況を日本人が詳しく知っておくべき。
授業後	自分の将来のことにもいろいろ関わってくるから，考えておかないとだめだと思います。

表8-3 「関心度」が高まった学習者の記述例②

授業前	今，そういう話題が多いから。
授業後	大人になるにつれて，難しい問題にも取りかからなければならないと思うし，これから先に避けては通れない道だと思うから。
授業前	考えたこともないのでよくわからないです。
授業後	私たちが大人になったときのこととか考えると今のうち少しでも考えた方がいいのかなって思った。

ていた。

　表8-3の例では，授業前には理由を明確に書けなかった2名の記述が，授業後には自分の将来の問題であることを意識した内容に変わった。

　この表8-2・表8-3の記述内容の変化は，漠然としていた未来のエネルギー政策に対する当事者意識の萌芽とみてよいだろう。このように「関心度」が高まった学習者の回答理由の記述内容の変化からも，その高まりを裏付けることができる。

　また，授業前後で「関心度」の選択肢に変化がみられなかったものの，回答理由に「関心度」の高まりを表す記述が加わった学習者も存在する。以下の表8-4にその例を示す。

　表8-4の3例では，授業後に「関心を持って考えたりすることがとても大切」等の記述が加えられており，記述内容の変化から「関心度」の高まりが窺える。このように，授業前後で回答の選択肢に変化がなかったものの，授業後の回答理由に「関心度」の高まりを表す記述が加わった学習者が，「関心度」の選択肢が「思う」のまま変化しなかった29名中6名，「どちらかといえばそう思う」のまま変化しなかった29名中3名存在する。この結果からも，本授業による「関心度」の向上が示唆されたといってよいだろう。

　次に，エネルギー政策に関心を持つことが大切だと「思わない」「どちら

表8-4 「関心度」の選択肢に変化はないが，回答理由の記述欄に「関心度」の高まりを表す内容が加わった学習者の記述例

授業前	未記入
授業後	前は，「私一人が考えたって……」って考えだったけど，自分，個人1人1人の考えってけっこう大事だなと思うようになった。
授業前	未記入
授業後	今後，原子力発電所を増やすのか，減らしていくのかを考えていくうちに，今までは減らしていくべきだと思っていたけれど，いろいろな資料や友人の意見を聞くにつれてそのまま現状維持という意見に自分の意見が変わってきたので，関心を持って考えたりすることがとても大切だと思った。
授業前	今，日本は大変だから。
授業後	人ごとではなく，全部自分に関係することだから。

表8-5 質問1で「関心度」が低いまま変化しなかった学習者の記述例

授業前	自分が原子力について考えることで，何かがかわるわけではないから。関心を持って考えても，直接ためになることはできないし
授業後	(考えることは大切だと思うけど) 自分が原子力について考えることで，何かがかわるわけではないから。関心を持って考えても，直接ためになることはできないし

かといえばそう思わない」の否定的な回答のまま授業前後で変化がなかった学習者の記述例を表8-5に示す。

表8-5の例では「自分が原子力について考えることで，何かがかわるわけではないから」のように「関心度」の低さの背景に無力感がみえる。これは多くの国民にみられる態度であり，数時間の授業で全学習者の「関心度」を高めることが困難であることがわかる。

しかし「関心度」が低いまま変化しなかった学習者4名中3名の記述に変化は見られなかったものの，表8-5の1名は括弧付きで「(考えることは大切だと思うけど)」の記述を加え，心の中の葛藤を表現している。授業に真摯

な姿勢で取り組み試行錯誤した形跡とみてよいだろう。

(2)「参画意識」に関する調査の結果及び考察

「参画意識」に関する質問

『今後のエネルギー政策について，市民の意見を反映させる機会があったとき，あなたも自分の考えを伝えてみたいですか。』

未来のエネルギー政策に関しての「参画意識」が高まった学習者が71名中の11名（16 %），低下した学習者が1名（1.4 %）だった。質問紙調査の「思う」「どちらかといえばそう思う」「どちらかといえばそう思わない」「思わない」の4段階の回答を，それぞれ4点，3点，2点，1点と点数化して量的データ化し，シナリオワークショップ実施前と実施後の調査の平均値に差があるかを，対応のあるt検定で分析したところ有意な差が見られた（$t[70]=3.77, p<.01$）。

次に，エネルギー政策への「参画意識」に関する質問の回答理由の記述内

n=71	思う	どちらかといえばそう思う	どちらかといえばそう思わない	思わない
授業前	12	26	22	11
変化	←3	←6	←2	1→
授業後	15	31	15	10

図8-8 「参画意識」の変化

容の変化を分析する。まず，エネルギー政策への「参画意識」が高まった学習者の記述のうち特徴的な例を以下の表8-6に示す。

表8-6の例では「人それぞれということがわかった」のように多様な価値観の存在を認識し，それらを互いに表明することの大切さを感じている学習者がみられた。また「伝えなくて後悔するより伝えてから後悔する方がマシ」「今は自分の意見も将来のことにつながるかもしれないって思う」「考えを言うだけ言いたい」のように，政策決定への効果を期待するためだけでなく，関わりたいという気持ちを表現している記述がみられた。このように「参画意識」が高まった学習者の回答理由の記述内容の変化からも，その高まりを裏付けることができる。

表8-6 「参画意識」が高まった学習者の記述例

授業前	みんな思っていることとかがだいたい同じだとおもうから。
授業後	人それぞれということがわかった…… 個人によって今すぐ原発×っていう人もいるから，やっぱり自分の意見は伝えたほうがいい。
授業前	未記入
授業後	自分の意見を伝えずに政策が可決されて納得いかない結果になったら嫌だから。伝えなくて後悔するより伝えてから後悔する方がマシ。
授業前	どうせ思ったとおりにならないと思うし，エネルギー政策って節電くらいしかわからない。
授業後	前回はどうせって思ったけど，今は自分の意見も将来のことにつながるかもしれないって思うと，今はどうせとか，よくわからないとかいってなげだすのはだめだと思った。わからなくても真剣に向き合うことが大切だと思った。
授業前	市民は，何千人といるのに一人の意見が，そのまま伝わるとは思えないから。伝えたところで何か変わるんですか？
授業後	でも，考えを言うだけ言いたいかなとも思う。

表8-7 「参画意識」の選択肢に変化はないが，回答理由の記述欄に
「参画意識」の高まりを表す内容が加わった学習者の記述例

授業前	市民の意見を聞かないで税金を使う場合や，自分の意見があるときなどは伝えてみたい。
授業後	今回の学習でしっかりと自分の意見を持つことができたので，しっかり自分の意見を反映させたいと思った。

　また，授業前後で「参画意識」の選択肢に変化がなかったものの，回答理由に「参画意識」の高まりを表す記述が加わった学習者も存在する。表8-7にその例を示す。

　表8-7の例では，授業前の「伝えてみたい」が，授業後に「自分の意見を反映させたい」に変化しており，この記述内容の変化から「参画意識」の高まりをみてとることができる。

　このように，回答理由に「参画意識」の高まりを表す記述が加わった学習者が，「参画意識」の選択肢が「思う」のまま変化しなかった12人中3人，「どちらかといえばそう思う」のまま変化しなかった23人中2人存在する。この結果からも，本授業による「参画意識」の向上が示唆されたといってよいだろう。

　次に，エネルギー政策についての「参画意識」が授業後に低下した学習者の記述例を，以下の表8-8に示す。

表8-8 「参画意識」が低下した学習者の記述例

授業前	わからないから。
授業後	自分と似た意見の人に賛成する。

3．意思決定や合意形成を扱う手法としてのシナリオワークショップの実用性の検討

シナリオワークショップを応用した本授業は，学習者主体の意見交換や議論を中心に構成されている。そこで，1班3～4人からなる班を構成し実践したところ，全ての班（20班）がシナリオワークショップ中のビジョンフェーズにおいて1つのシナリオを選択することができた。以下の図8-9にその例（20班中の3班分）を示す。

いずれも「原子力をすぐ停止しても火力と再生可能エネルギーで補えると思った」「原発を止めた分を火力にまかせることで電気料金も上がる」「原子力発電所で働く人たちが職を失わない」等の多様な視点からの根拠を示してシナリオを選択することができていた。

また，シナリオの折衷案や新しいシナリオを検討する班や学習者が存在したことからも，シナリオの選択という形式ではあるものの，未来のエネルギー政策のあり方を模索する中で各学習者が試行錯誤のうえで行った意思決定だと言いうることに触れておきたい。

選択したシナリオ	シナリオ　A
上記のシナリオを選択した主な理由	原子力をすぐ停止しても 火力と再生可能エネルギーで補えると思ったから。 また可動し始めて危険性を伴うより少しでも早く止めるべき。…だと思う。

選択したシナリオ	シナリオ　D
上記のシナリオを選択した主な理由	急に止めるのは、リスクが高いし 原発を止めた分を火力にまかせることで、 電気料金も上がるし、今回の地震でも、耐えられた原発もあったということなので、 安全性を追求すれば大丈夫だと思ったから。

選択したシナリオ	シナリオ　D
上記のシナリオを選択した主な理由	お金がかからない 原子力発電所で働く人たちが職を失わない。 発電効率がいい 年々、日本の電気使用量が増加しているから。

図8-9　選択したシナリオと理由の例

反面，いずれの根拠も表層的なもので，疑問点等について自ら調査を進める活動等は見られず授業の中で得られた知識や情報だけからの判断だったと考えられる。短時間で取り組まれた本授業案の限界だと考えられるが，エネルギー政策についての争点や問題点が何かを知らなかった学習者が，本研究において開発したシナリオワークショップを応用した授業の中で，未来のエネルギー政策に関する各シナリオの長所や短所について学習者間で検討するだけでなく，合意形成すなわち集団における意思決定を行うことができた点は評価してよいだろう。

第 4 節　小括

　授業前後に行った質問紙調査の回答結果の変化や回答理由の記述内容の変化の分析から，未来のエネルギー政策を題材にしたシナリオワークショップの授業後，未来のエネルギー政策への「関心度」の高い学習者の割合が増加し，「参画意識」の高い学習者の割合が増加した。また，シナリオワークショップの授業中の各班が，未来のエネルギー政策のあり方について学習者間での議論を通して試行錯誤しながら，1つのシナリオを選択し選択理由を記述することができた。

　したがって，参画型テクノロジーアセスメントの手法の1つであるシナリオワークショップは，科学技術の発展を起因とする社会問題を題材に，学習者主体の議論を通して意思決定や合意形成を図る学習活動を支援する手法としての実用性があり，その題材への「関心度」の喚起，「参画意識」の向上が期待できる汎用性の高い手法であることが示唆された。

註
1）シナリオ A～E の各グラフは「エネルギー政策の選択肢に係わる調査報告書」（日本学術会議，2011b）より引用した。なお，本授業では引用元の6つのシナリオ

A～Fの中からCを抜いたA，B，D，E，Fの5つを選択し，それぞれシナリオA，B，C，D，Eとして提示した。したがって，引用元のシナリオ記号と本稿におけるシナリオ記号の一部は対応していない。
2）図7-2を一部改変した。
3）事前の講義は，校種や学習者や地域の実状に合わせて様々な内容が考えられる。また，調べ学習やプレゼンテーションを導入する等，実施目的・指導計画等に合わせた応用も可能である。本授業は，「物理Ⅰ」や「理科総合A」を履修していない学習者を対象にしていたため，中学校の学習内容を含む電気に関する基本概念の復習から行った。
4）本授業対象の学習者は，実践校においてコンセンサス会議やシナリオワークショップ等の科学技術と社会の境界に生じる問題に関する学習経験はなく，本授業が初めての体験である。
5）本授業では，その流れ・構成・時間配分等に2クラスの間で差がないように配慮して実施した。質問紙調査の事前事後の回答の傾向に2クラス間で大きな差はなかったので，図8-7・図8-8は2クラスのデータを合わせて報告する。なお，本授業に参画した79名のうち，質問紙の回答に記載漏れ等の不備があったものや，シナリオワークショップ3回の全てに参加していない生徒数を抜いた71名分を分析の対象とした。71名の内訳は男33名・女38名で性別による回答の傾向に大きな差はみられなかった。
6）以下の石渡（2005）の調査法を参考にした。
石渡正志（2005）「科学・技術への理解と判断を含む遺伝授業の有効性」『日本科学教育学会年会論文集』第29巻，pp.537-538
7）実施前は鉛筆等の黒で記入させ，実施後には赤等の色ペンで追加・削除・修正を行わせた。
8）下線____は，強調のために筆者が付したものである。以降の下線も同様である。

引用文献

藤垣裕子（2008）「市民参加と科学コミュニケーション」藤垣裕子・廣野喜幸 編『科学コミュニケーション論』東京大学出版会，p.250.
日本学術会議 東日本大震災対策委員会エネルギー政策の選択肢分科会（2011a）「提言 日本の未来のエネルギー政策の選択に向けて ―電力供給源に係る6つのシナリオ―」
http://www.scj.go.jp/ja/member/iinkai/shinsai/pdf/110624t.pdf（最終確認日：

2018 年 5 月 1 日）

日本学術会議 東日本大震災対策委員会エネルギー政策の選択肢分科会（2011b）「報告 エネルギー政策の選択肢に係わる調査報告書」

http://www.scj.go.jp/ja/member/iinkai/shinsai/pdf/110922h.pdf（最終確認日：2018 年 5 月 1 日）

終　章

第1節　研究のまとめ

第Ⅰ部　科学技術社会における国民の役割と理科教育の課題

　第1章では，科学技術の高度な発展によって様々な社会問題が生じている現代社会において，国は国民をどのように位置付けどのような役割を期待しているのかを明らかにするために，日本の科学技術政策の根幹である第1期〜第5期の科学技術基本計画を資料に分析を行った。

　科学技術政策の形成過程における国民の位置付け及びその変遷を調査したところ，科学技術基本計画が更新される毎に，科学技術政策の形成過程における国民の位置付けが高まっており，現在は国民が科学技術政策の企画立案及び推進に参画する主体として位置付けられていることが明らかになった。そして，国民には科学技術の成果及び便益を享受するための意見や要望を伝えるだけではなく，科学技術の可能性と条件，リスクやコスト，倫理面に配慮した意思決定や合意形成を図ることが求められていることから，科学技術社会の未来の共創へ向けて科学技術政策の形成過程への国民参画の基盤をつくる教育の研究の必要性を提起した。

　第2章では，科学技術社会の未来の共創へ向けた科学技術政策の形成過程への国民参画の基盤をつくる教育の先行研究としてSTS教育を取り上げて分析を行った。特にSTS教育研究・実践が1990年代に多く行われたものの1990年代後半から減少している点に焦点をあてて検討し，その理由として

STS教育の「制度化へ向けた取り組みの停滞」「教師への支援不足」の2つを挙げた。

　STS教育の「制度化へ向けた取り組みの停滞」の視座から検討した結果，STS教育を主に担っていたのが「学校」における「理科教育」であったことから，科学技術政策の形成過程への国民参画の基盤をつくる教育の一翼を理科教育が担う妥当性及び必要性を提起した。そこで，科学技術政策への関心の喚起及び参画意識の向上を目的として，科学技術の発展を起因とする社会問題を題材に，学習者主体の議論を通して意思決定や合意形成を図る学習活動の現在の教育政策下の理科の授業における実施の可否や可能性について，次章（第3章）で検討を行った。

　また，「教師への支援不足」の視座からSTS教育研究・実践を検討した結果，学習者主体の議論を成立させるための具体的な手段や意思決定に至らせるための方法が示されている報告が少ないことから，学習者主体の議論を通して意思決定や合意形成を図る学習活動を支援する手法を開発し，その手法を利用した授業開発の必要性を提起した。そして，第Ⅱ部，第Ⅲ部でその検討を行った。

　第3章では，第1章で明らかにした，国民が科学技術政策の企画立案及び推進に参画する主体として位置付けられていること，また，第2章で論じた科学技術政策の形成過程への国民参画の基盤をつくる役割の一翼を理科教育が担う必要性を踏まえ，科学技術政策への関心の喚起及び参画意識の向上を目的として，科学技術の発展を起因とする社会問題を題材に，学習者主体の議論を通して意思決定や合意形成を図る学習活動の，近年の教育政策下の理科の授業における実施の可否や可能性について，中等理科教育の学習指導要領解説理科編を資料に調査し課題を整理した。中等理科教育に，科学技術の発展を起因とする社会問題の扱いや，科学技術利用の長所や短所を整理させたうえで意思決定を図る学習活動が取り入れられていることから，本研究に

終 章　171

おける授業開発の意義を示した。

　その一方で，中等理科教育が「科学技術が進歩して人間生活を豊かで便利」「人間生活にとって科学技術の発展が不可欠」（文部科学省，2009）といった科学技術の発展による解決を志向する科学観に依拠して行われていることや，理科教育で扱われる「意思決定」が科学的な根拠を前提としているため社会的な側面に触れにくいことから，現在の教育政策下では国の科学技術政策や社会からの要請に十分応えることができていない現状を課題として示し，理科教育の内容領域の拡大の必要性を提起した。

第Ⅱ部　科学技術政策の形成過程への国民参画に向けた授業方法の検討と試行

　第4章では，科学技術社会の未来の共創へ向けた科学技術政策の形成過程への国民参画を見据え，科学技術政策への関心の喚起及び参画意識の向上を目的として，科学技術の発展を起因とする社会問題を題材に，学習者主体の議論を通して意思決定や合意形成を図る学習活動を支援する方法の手掛かりを得るために，科学技術政策への市民参加の場で実際に利用されている，参加型テクノロジーアセスメントの手法の調査を行った。特に，科学技術社会論や科学技術政策の研究者らが注目し日本で早い段階で試行されただけでなく，以降継続して複数回実施されているコンセンサス会議とシナリオワークショップの2つの手法に焦点をあてて調査を行い，それぞれの手法の標準的な手続きをまとめた。

　第5章では，参加型テクノロジーアセスメントの手法の教育への応用の可能性を探るために，原子力発電利用の賛否を含む未来のエネルギー政策を題材に，コンセンサス会議を応用した授業を試行した。試行の結果，コンセンサス会議は学習者の議論を促して自分の考えを再検討させるのに有効であり，授業では全ての班が未来のエネルギー政策についてコンセンサス文書を

まとめることができ，合意形成すなわち集団における意思決定を図ることができた。また，質問紙調査の結果から「関心度」の喚起や「参画意識」の向上が期待できることが示されたことや，学習者からの授業への評価が高いことからも，コンセンサス会議の教育への応用は一定の効果が期待される実用性のある手法であることが明らかになった。そして，コンセンサス会議のような定型化された手法が存在することによって，手法の一連の流れを応用して授業が計画できることや，ファシリテーター・コーディネーターとして特定の価値に依拠することなく授業に取り組める等，教師側にとっても評価できる点があった。

その一方で，コンセンサス会議の一連の手続きをそのまま教育現場で用いるには，多大な労力・費用・時間がかかるため普及は現実的ではないこと，また中等教育の学習者を対象に行う場合には，教師が多様な論点・立場を踏まえて第三者的な立場から網羅性や公平性を担保しつつ，学習者の学力や興味・関心等の実態，地域や学校の実状等に合わせた授業開発が妥当であり効果が期待できると考えられることから，コンセンサス会議の特徴を生かしたまま，その一連の流れを簡略化した授業の開発の必要性が明らかになった。

第Ⅲ部　参加型テクノロジーアセスメントの手法を応用した授業開発

第Ⅲ部では，参加型テクノロジーアセスメントの代表的な手法であるコンセンサス会議・シナリオワークショップの2つの手法を，多くの教師が取り組めるように，それぞれの手法の一連の流れをその特色を生かしたまま簡略化して授業開発を行った。第6章から第8章まで3つの授業開発・実践を行い実証的考察を試みた。

第6章では，コンセンサス会議を応用し，生殖補助医療の中の特に体外受精を題材に，学習者主体の議論を通して意思決定や合意形成を図る授業を開発して高校生・大学生対象に実践した。

高校・大学における授業前後の質問紙調査の結果，生殖補助医療への「関心度」が高い学習者の割合が増加し，「参画意識」が高い学習者の割合も増加した。よって，コンセンサス会議を応用した授業が，学習者主体の議論を通して意思決定や合意形成を図る手法として実用性があり，「関心度」の喚起や「参画意識」の向上が期待できることが示された。

第7章では，シナリオワークショップを応用し，臓器移植法案を題材に学習者主体の議論を通して意思決定や合意形成を図る授業を開発して高校生対象に実践した。授業前後の質問紙調査の結果，臓器移植法案についての「関心度」が高い学習者の割合が増加し，臓器移植法案の改正に関する「参画意識」が高い学習者の割合も増加した。

さらにプロトコルの分析から，学習者が互いに学び合い，同意・反対・問いかけを繰り返しながら議論が進んでおり，この手法を用いることによって発言しやすい雰囲気が形成されていることが認められた。よって，学習者主体の議論・合意形成の手法としてシナリオワークショップに実用性があり，学習者の「関心度」の喚起や「参画意識」の向上が期待できることが示された。

第8章では，シナリオワークショップが臓器移植法案だけでなく他の題材にも応用することが可能な汎用性の高い手法であることを示すために，原子力発電利用の賛否を含む未来のエネルギー政策を題材に，学習者主体の議論を通して意思決定や合意形成を図る授業を開発して高校生対象に実践した。授業前後の質問紙調査の結果，未来のエネルギー政策についての「関心度」が高い学習者の割合が増加し，「参画意識」が高い学習者の割合も増加した。

シナリオワークショップが臓器移植法案だけでなく未来のエネルギー政策を題材にしても実用性があり，学習者の「関心度」の喚起や「参画意識」の向上が期待できることが示された。

第2節　結語

　これまでの，科学技術社会の未来の共創へ向けた科学技術政策の形成過程への国民参画の基盤をつくる教育についての研究を踏まえ，2つの提言を試みる。

1. 科学技術社会の未来の共創へ向けた科学技術政策の形成過程への国民参画の基盤をつくるため，科学技術政策への関心の喚起及び参画意識の向上を目的として，科学技術の発展を起因とする社会問題を題材に，学習者主体の議論を通して意思決定や合意形成を図る学習活動を理科教育に加え，理科教育の内容領域の拡大の必要性を提言する。

　　具体的には，物理における原子核物理の学習の後に原子力発電の利用について検討する学習や，生物における遺伝の学習の後に遺伝子診断の是非について検討する学習活動等を，中学校の理科及び高等学校の物理・化学・生物・地学の各科目の目標，学習内容及び方法に明確に規定することが必要である。教育課程に位置付けられれば，教師による授業の開発・実践の進展が期待され，子供達がこのような学習活動に取り組む機会が増えるであろう。

　　また，理科教育の内容領域を拡大して他教科に接近することによって教科間の関係が密接になれば，例えば遺伝学の基礎的な知識の学習後に遺伝子診断の是非を扱う生物の授業において，健康や福祉との関連を保健体育科と，家族の意義や保育との関連を家庭科と，法律や人権との関連を社会科と連携するクロスカリキュラムの開発の進展が期待できる。また，エネルギーを含む環境，福祉・健康，国際理解等の課題を扱う総合的な学習の時間[1]の一部を，科学技術政策の形成過程への国民参画の基盤づくりを目的に再構築することも期待できる。

終章 175

2．参加型テクノロジーアセスメントの手法であるコンセンサス会議やシナリオワークショップは，科学技術の発展を起因とする社会問題を題材に二者択一をなるべく回避しながら選択肢間の調整や妥協を繰り返し，学習者主体の議論を通して意思決定や合意形成を図る学習活動を行うための手段として実用性があり，科学技術政策への関心の喚起及び参画意識の向上を目的とする学習活動において重要な役割を担いうる手法であると提言する。

本研究では，コンセンサス会議・シナリオワークショップの2つの手法を取り上げ，教育現場の実状に合わせて教師が利用しやすいように，それぞれの特色を生かしたままその一連の手続きの簡略化を図った。以下の図9-1・図9-2に示す。

コンセンサス会議の特徴は，科学技術の発展を起因とする社会問題についての問題点，社会や生活への影響，原因や背景や仕組みについての学習が「基礎知識の習得」「『鍵となる質問』の作成」として位置付けられている点であり，この学習を通して問題の可視化や共有化を図りながら議論を進めることができる。

また，議論を通して賛否だけでなくどの程度賛成・反対なのか，どの様な条件を設ければよいのか等の検討を進め，最終的には合意に達しなくても懸案となっている事項や争点を含めてコンセンサス文書にまとめることができる点もコンセンサス会議の特徴である。

シナリオワークショップの特徴は「予想される典型的な未来の姿」が予めシナリオとして用意されているため，取り上げた題材についての賛否や是非を検討するだけでなく，方向性の異なる多様なシナリオを複数設定して議論を進めることができる点である。

予めシナリオが用意されていることによって，各シナリオについて自由に意見を述べながら比較・検討・選択することができ，意思決定や合意形成を

176　終　章

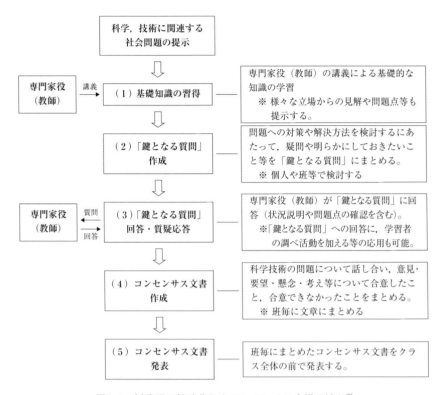

図9-1　授業用に簡略化したコンセンサス会議の流れ[2]

シナリオの選択という形式で行うことができる。また，問題点や課題を挙げて対策を検討するにあたっても，選択したシナリオを基本にして問題解決に向かって議論を進められる点もシナリオワークショップの特徴である。

終　章　177

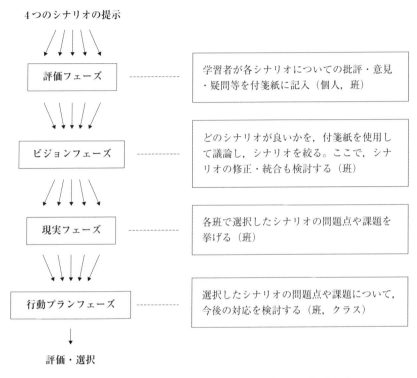

図9-2　授業用に簡略化したシナリオワークショップの流れ[3]
　　　（藤垣，2008をもとに作成）

第3節　研究の課題及び今後の展開

　本研究では，科学技術社会の未来の共創へ向けた科学技術政策の形成過程への国民参画の基盤をつくる理科教育の在り方を検討し，コンセンサス会議とシナリオワークショップを応用した授業の開発・実践を行った。本節では，これまでの研究結果を踏まえて課題を整理し今後の展開を展望する。

1．本研究では，コンセンサス会議で1つ，シナリオワークショップで2つの授業を開発し実践した。今後，各手法において様々な題材で授業を開発・実践することによってこれらの手法が汎用性の高い手法であることを示すとともに効果の検証を継続したい。さらに，本研究で取り上げた以外の参加型テクノロジーアセスメントの手法である市民陪審等を応用した授業開発も行い，学習者主体の議論を支援する手法の選択肢を増やす必要がある。

2．本研究で開発した授業をワークシート等にまとめ，多くの教師が比較的容易に実践できるように教材化することによって，科学技術政策への関心の喚起及び参画意識の向上を目的として，科学技術の発展を起因とする社会問題を題材に，学習者主体の議論を中心に意思決定や合意形成を図る授業の普及を進める必要がある。

3．本研究で開発した授業で扱った題材のような科学技術の発展を起因とする社会問題の対応策の検討は，科学的な根拠だけに基づいて判断することが困難であるため，意思決定や合意形成を図る際には情緒的な判断に偏りがちになる。価値判断を求める倫理性を問いながらも科学的な根拠に基づいた合理的な判断を共存させ，意思決定や合意形成の質を高めるための授業の検討を進める必要がある。

4．本研究のような授業の中等教育における実施は，選挙権年齢が「20才以上」から「18才以上」に引き下げられること等を勘案すると，重要性がさらに増すと考えられる。科学技術政策の形成過程への国民参画の基盤をつくる理科教育の早急な導入と同時に，社会科や家庭科や保健体育科等とのクロスカリキュラムの開発や，総合的な学習の時間における取り組みについても検討を進める必要がある。

註

1）2018年3月に改訂された高等学校学習指導要領（文部科学省，2018）では，「総合的な学習の時間」が，自ら課題を見つけ探究する趣旨を明確にするために「総合的な探求の時間」に変更された。なお，小中学校は「総合的な学習の時間」のまま変更されていない。
2）図9-1は図6-2と同じ
3）図9-2は図8-6と同じ

引用文献

藤垣裕子（2008）「市民参加と科学コミュニケーション」藤垣裕子・廣野喜幸 編『科学コミュニケーション論』東京大学出版会，p.250.

文部科学省（2018）「高等学校学習指導要領」
　http://www.mext.go.jp/component/a_menu/education/micro_detail/__icsFiles/afieldfile/2018/04/24/1384661_6_1.pdf（最終確認日：2018年5月1日）

あとがき

　科学技術に関わる社会問題を，高校の理科の授業で取り上げて生徒達と一緒に考えるようになってから20年になる。きっかけは1997年に公表されたクローン羊ドリーの誕生である。当時勤務していた工業高校は「物理」と「化学」はあるものの「生物」がなかったので，生徒達がクローン技術について考えるための知識や機会を得ることがないまま卒業することに問題意識を持ったのだと思う。担当する化学の授業中に何となくクローン羊について話し始めたところ，机に向かって勉強することが苦手な生徒達が「ヒトのクローンはまずいだろう」「ペットならいい気がするけど」など，様々な意見や質問がクラス全体で活発に交わされ，あっという間に終業チャイムが鳴った記憶がある。むろん，ここに書くことができないような面白半分の意見も多かったのだが，あとで書いてもらった感想文には，クローン技術の社会利用について真摯に考えたことが読み取れる意見が書かれていて，新鮮だったことを覚えている。その後も様々な学校で多様な生徒達と，理科の１年間の授業のうちの数時間を割いて，生殖補助医療やエネルギー政策などについて一緒に考えてきた。生徒間，教師・生徒間で話し合う雰囲気が醸成されるためには教師の力量が必要であることを痛感し，試行錯誤の繰り返しではあったが，多くの生徒が関心を持って考え，主張し，迷い，話し合い，決断してくれていたと思う。

　本書は，生徒達が科学技術に関する社会問題の存在を知り，自分事として考え，対話を通して前向きに共創し，科学技術の進展が加速する社会で主体的に生きていくための教育が必要だと考え調査研究した内容と，生徒達が科学技術に関する現実の社会問題を検討して本質に迫るような体験ができる授業を，多くの教員が取り組めるように開発・実践した授業をまとめた博士論文をもとにしている。学術論文がもとになっているため，専門的で読みにく

いところも多々あると思うが，理論的な内容から実践的な内容まで多岐にわたってまとめられているので，研究者だけでなく，多くの教育関係者の手に渡ることを願っている。

　各章のもとになった論文は以下の通りである。ただし，それぞれに大幅に加筆・修正が加えられている。

第1章，第3章
　内田隆・鶴岡義彦（2014）「科学技術基本計画に示される国民像の変遷からみる理科教育の課題と展望―科学技術政策の形成過程への国民の参画に焦点をあてて―」『学校教育学研究論集』第30巻，東京学芸大学，pp.83-100.

第2章
　内田隆・鶴岡義彦（2014）「日本におけるSTS教育研究・実践の傾向と課題」『千葉大学教育学部研究紀要』第62巻，千葉大学教育学部，pp.31-49.

第5章
　内田隆（2005）「学校での「持続可能な開発のための教育」におけるリスクコミュニケーションの導入　～高等学校「理科総合A」における「模擬コンセンサス会議」の実践から～」立教大学異文化コミュニケーション研究科修士論文

第6章
　内田隆（2014）「生殖補助医療を題材としたコンセンサス会議　～意思決定や合意形成を扱う授業の実践的研究～」『文理シナジー』第18巻，第2号，文理シナジー学会，pp.115-122.

第7章
　内田隆・福井智紀（2012）「参加型テクノロジーアセスメントの手法を利用した理科教材の開発　～臓器移植法案を題材としたシナリオワークショップの実践～」『理科教育学研究』第53巻，第2号，日本理科教育学会，pp.229-239.

第 8 章

内田隆（2015）「未来のエネルギー政策を題材としたシナリオワークショップ 〜参加型テクノロジーアセスメントの手法を利用した理科教材の開発と実践〜」『理科教育学研究』第55巻，第 4 号，日本理科教育学会，pp.425-436.

　本書ができあがるまでには多くの方からご指導，ご支援を頂いた。立教大学では阿部治氏，瀬田信哉氏からご指導頂き，教科教育・学校教育外からの視点の重要性に気付かせて頂いた。夜間の大学院であったため小玉敏也氏をはじめ個性的な社会人学生や学生からも多くの影響を受けた。若松征男氏，杉山滋郎氏からはコンセンサス会議・シナリオワークショップについて，吉澤剛氏からはテクノロジー・アセスメントについて事例を通して丁寧に教えて頂いた。本書のもとになる博士論文をまとめるにあたっては千葉大学の鶴岡義彦氏からご指導頂いた。長時間に渡る議論の場を与えて頂き研究の方向性を示して頂いた。論文の審査にあたっては，樋口利彦氏，山田哲弘氏，加藤圭司氏，山下修一氏から貴重なご指摘，ご助言を頂いた。本書に示した授業の価値を最初に認めて頂いた福井智紀氏とは現在も共同で研究を進めている。この場を借りて皆様方に改めて感謝申し上げます。今後も多くの教師・生徒が科学技術社会の未来について共創する機会を得ることができるよう，研究・実践を継続し発展させていきたいと考えています。

　最後に，これまで実践に協力してくれた多くの先生方，生徒達，陰ながら支えてくれた充子，耕平，春花に心より感謝いたします。

　本書は，独立行政法人日本学術振興会平成30年度科学研究費助成事業（科学研究費補助金）（研究成果公開促進費学術図書，JP18HP5226）の交付を受けて刊行するものである。本書の刊行にあたり一方ならぬご尽力を下さった風間書房の風間敬子様，大高庸平様に心よりお礼申し上げます。

2018年秋　内田　隆

資　料

資料1　学会誌・専門誌・機関誌等に発表されたSTS教育研究・実践の文献一覧
資料2　大学の紀要等に発表されたSTS教育研究・実践の文献一覧
資料3　科学研究費助成金によるSTS教育研究・実践の報告書の一覧
資料4　タイトルにSTSを含みSTS教育を主として扱っている一般書籍の一覧
資料5　第5章の中の「未来のエネルギー政策を題材にしたコンセンサス会議」で使用した質問紙
資料6　第6章の中の「生殖補助医療の法制化を題材にしたコンセンサス会議」で使用した質問紙
資料7　第7章の中の「臓器移植法案の改正を題材にしたシナリオワークショップ」で使用した質問紙
資料8　第8章の中の「未来のエネルギー政策を題材にしたシナリオワークショップ」で使用した質問紙

資料

資料1

学会誌・専門誌・機関誌等に発表されたSTS教育研究・実践の文献一覧

番号	著者名	論文名	雑誌名	発行年	巻・号	頁
A-1	森本信也	アメリカにおける理科教育の動向（3）	日本理科教育学会研究紀要	1983	23(3)	91-99
A-2	大洲隆一郎	STS理科カリキュラムに関する基礎的研究Ⅰ―STS教育運動についての科学論的考察―	日本理科教育学会研究紀要	1991	31(3)	37-47
A-3	田中賢二 柿原聖治	アメリカにおけるSTSの実態と研究動向―ERICデータベースの文献分析を通して―	日本理科教育学会研究紀要	1991	32(1)	1-11
A-4	OGAWA Masakata	Awareness of prospective Community Education Leaders STS Related Global Problems	日本理科教育学会研究紀要	1992	33(2)	9-16
A-5	栗岡誠司 野上智行	イギリスにおけるSATISプロジェクトの開発理念と指導法の特色	日本理科教育学会研究紀要	1992	33(2)	17-25
A-6	Namio NAGASU	What is STS Approach: Historical and Practical Background	日本理科教育学会研究紀要	1992	33(2)	79-89
A-7	貝沼喜兵	STSアプローチを用いた理科指導の実践とその評価―組換えDNA技術の指導を通して―	日本理科教育学会研究紀要	1995	35(3)	11-21
A-8	大塚信幸 高瀬一男	高等学校理科におけるSTSモジュール学習の教育的効果に関する実証的研究―STSモジュール教材「セッケンと合成洗剤」を用いて―	日本理科教育学会研究紀要	1995	35(3)	33-41
A-9	栢野彰秀	アメリカ州科学カリキュラム基準におけるSTS教育―14州の場合―	日本理科教育学会研究紀要	1997	38(2)	163-171
A-10	内田隆 福井智紀	参加型テクノロジーアセスメントの手法を利用した理科教材の開発～臓器移植法案を題材としたシナリオワークショップの実践～	理科教育学研究	2012	53(2)	229-239
A-11	内田隆	未来のエネルギー政策を題材としたシナリオワークショップ～参加型テクノロジーアセスメントの手法を利用した理科教材の開発と実践～	理科教育学研究	2015	55(4)	426-436
A-12	小川正賢	STS教育にみる科学と日常性の結合	理科の教育	1991	40(5)	20-23
A-13	中山玄三	理科教育と科学と社会　科学，技術及び社会を結びつける教育の基本的な考え方	理科の教育	1992	41(12)	12-15
A-14	梅埜國夫	理科教育と科学と社会　科学，技術及び社会を結びつける理科授業	理科の教育	1992	41(12)	20-23

A-15	梅埜國夫	理科におけるSTS教育　STS教育の理念と理科にとっての意味	理科の教育	1993	42(11)	9-12
A-16	鶴岡義彦	理科におけるSTS教育　理科教育現代史におけるSTS	理科の教育	1993	42(11)	13-16
A-17	丹沢哲郎	理科におけるSTS教育　アメリカのBSCSにおける高校生物モジュール	理科の教育	1993	42(11)	17-20
A-18	栗岡誠司	理科におけるSTS教育　英国のSATISプロジェクトにみる化学関係教材	理科の教育	1993	42(11)	21-24
A-19	小川正賢	理科におけるSTS教育　SISCON-in-Schoolsに見るSTS教育の実際	理科の教育	1993	42(11)	25-28
A-20	小笠原昇一	理科におけるSTS教育　高校生物におけるSTS教育の実践	理科の教育	1993	42(11)	29-32
A-21	熊野善介	理科におけるSTS教育　モジュール「筑波山」―STSアプローチの実践例―	理科の教育	1993	42(11)	33-36
A-22	長洲南海男	米国の戦後最大の科学教育改革運動	理科の教育	1994	43(1)	8-11
A-23	野々山清	高等学校における「新しい学力観」に基づく理科の指導計画―課題研究及びSTS教育―	理科の教育	1994	43(4)	32-35
A-24	大塚信幸 小川正賢	高等学校理科IA科目群におけるSTS教育の試み―化学IA「食品の化学」小単元における実践を例として―	理科の教育	1995	44(11)	46-51
A-25	大森儀郎	「レンズ付きフイルム」の教材化について―「凸レンズと像」からSTS教育まで―	理科の教育	1996	45(2)	34-37
A-26	長洲南海男 川島則夫	STSイシューズに対する意思決定の指導―中学校理科における霞ヶ浦の水環境汚染を事例に―	理科の教育	1996	45(4)	38-43
A-27	藤岡達也	兵庫県南部地震を理科でどう取り扱うか―地学教育におけるSTS教材開発の視点から―	理科の教育	1996	45(4)	56-58
A-28	遠藤守康	小学校理科における環境問題へSTSのアプローチ―日向山環境マップをつくろう―	理科の教育	1996	45(10)	24-26
A-29	川島則夫	「霞ケ浦周辺の水環境の保全」を題材とした環境教育の展開―STSアプローチに基づく意思決定及び具体的行動の実践より―	理科の教育	1996	45(10)	27-29
A-30	野上智行	理科教育において社会教育施設等を生かす意義と方法―環境教育・STS教育の視点から―	理科の教育	1997	46(8)	10-12

A-31	小島勝則	小学校理科におけるゴミ問題を中心にした環境学習—STSアプローチをもとにして—	理科の教育	1997	46(9)	23-25
A-32	平賀伸夫	科学技術社会における子どもの学びと理科学習指導のあり方 家族の教育力を活用したSTS教育—思慮深く考察できる生徒の育成をめざして—	理科の教育	1998	47(1)	12-15
A-33	筒井昌博	STSアプローチを利用した選択理科授業—モジュール「薬とからだ」—	理科の教育	1998	47(8)	24-26
A-34	村松岳詩	科学・技術・地域の関連を生かした植物学習の展開—STSモジュール「メロン」による実践の報告—	理科の教育	1998	47(11)	55-57
A-35	江藤芳影	科学・技術・社会（STS）について考える—「『手はきれいか』／人類と細菌との闘い」の実践授業から—	理科の教育	2000	49(9)	38-41
A-36	森本弘一	子どもの記憶に残るSTS教育	理科の教育	2000	49(9)	42-43
A-37	平賀伸夫	身近なものを教材化する 科学技術社会をより良く生き抜く・その1 小・中学校生対象のSTS教育とは	楽しい理科授業	1994	26(1)	66-67
A-38	佐藤陽一	「STS教育の要素を含む授業を」「科学の性格や役割」をどう伝えるかと聞かれたら	楽しい理科授業	1994	26(2)	28-29
A-39	平賀伸夫	身近なものを教材化する 科学技術社会をより良く生き抜く・その2 STLアプローチによる実践例（1）理科と生活との密接な関係を理解させる	楽しい理科授業	1994	26(2)	66-67
A-40	平賀伸夫	身近なものを教材化する 科学技術社会をより良く生き抜く・その3 STLアプローチによる実践例（2）科学製品の表示を確実に読む態度を育成する	楽しい理科授業	1994	26(3)	66-67
A-41	野上智行	STS教育の教材開発と授業 STSと交感的自然認識	楽しい理科授業	1994	26(4)	55-60
A-42	栗岡誠司 野上智行	STS教育の教材開発と授業 STSを特徴づける学習活動	楽しい理科授業	1994	26(5)	54-59
A-43	野上智行 木村誓一	STS教育の教材開発と授業 エネルギー教育とディスカッション	楽しい理科授業	1994	26(6)	54-59
A-44	藤野健司 野上智行	STS教育の教材開発と授業 市民としての学習者	楽しい理科授業	1994	26(7)	54-59
A-45	長洲南海男	新しい科学教育構築のためのSTSアプローチ	楽しい理科授業	1994	26(8)	6
A-46	溝辺和成 野上智行	STS教育の教材開発と授業 子どもの新しい知のかたち	楽しい理科授業	1994	26(8)	54-59

A-47	大藪二三雄 野上智行	STS教育の教材開発と授業 ジャガイモ電池からの出発	楽しい理科授業	1994	26(9)	54-59
A-48	稲垣成哲 野上智行	STS教育の教材開発と授業 学校文化としての科学	楽しい理科授業	1994	26(10)	54-59
A-49	野上智行 小谷卓 椹木由紀	STS教育の教材開発と授業 理科と家庭科教師による異種教科ティームティーチング	楽しい理科授業	1994	26(11)	54-59
A-50	野上智行	STS教育の教材開発と授業 「科学」・「科学技術」・「自然」を理解すること	楽しい理科授業	1994	26(12)	54-59
A-51	内山裕之 野上智行	STS教育の教材開発と授業 地域にこだわった教材の開発	楽しい理科授業	1995	27(1)	54-59
A-52	栗岡誠司 野上智行	STS教育の教材開発と授業 フリッツ・ハーバー物語	楽しい理科授業	1995	27(2)	54-59
A-53	野上智行	STS教育の教材開発と授業 教科をクロスする授業	楽しい理科授業	1995	27(3)	54-59
A-54	内山裕之	「STS教育実践」への布石をどう打つか	楽しい理科授業	1995	27(4)	45-47
A-55	小川正賢	「STS」と総合学習はどう関連するか	楽しい理科授業	1997	29(1)	11-13
A-56	小川正賢	STS教育	初等理科教育	1993	27(13)	42-43
A-57	熊野善介	STSアプローチと環境教育—アメリカ合衆国の最近の理科教育の動向その1—	科学教育研究	1991	15(2)	68-74
A-58	野上智行	アメリカ科学教育史におけるゼネラルサイエンス運動とSTS教育—デューイによるゼネラルサイエンス批判を中心とした考察—	科学教育研究	1992	16(2)	67-72
A-59	TANZAWA Tetsuro	Japanese Science Teachers' Perception of Science and Technology Related Global Problems and the STS Approach	科学教育研究	1992	16(3)	115-125
A-60	川崎謙	非西欧世界におけるSTS教育の意義	科学教育研究	1993	17(1)	11-17
A-61	丹沢哲郎	BSCSの最新の遺伝学プログラムにおける問題解決と意思決定スキルの育成—アメリカのSTS教育の指導方略—	科学教育研究	1993	17(2)	57-67
A-62	KUMANO Yoshisuke	Implementation of STS Instruction in Meikei High School — Problems and Realities of Pilot Japanese STS Approach —	科学教育研究	1993	17(3)	115-124
A-63	OTSUJI Hisashi AKAHORI Kanji	Searching for Changes in Cognitive Structure Applying the KJ Method to STS Instruction	科学教育研究	1993	17(3)	133-143

A-64	大辻永 鶴岡義彦	高等学校理科新設科目及びSTS教育の科学論的内容に対する教師の評価	科学教育研究	1994	18(4)	205-215
A-65	熊野善介 長洲南海男 久田隆基	高度情報社会におけるSTSアプローチによる理科授業実践研究の動向	科学教育研究	1995	19(4)	212-223
A-66	石川聡子 塩川哲雄	身近な電池のSTSとリサイクルについてのモジュール開発とその有効性―STS教育と環境教育の立場から―	科学教育研究	1997	21(1)	15-22
A-67	大辻永 春山貴子 小川正賢	大学入試小論文にみられるSTS問題の内容分析	科学教育研究	1997	21(2)	92-100
A-68	藤岡達也 大辻永 山田俊弘	科学教育における自然災害の取り扱いについて	科学教育研究	1999	23(1)	3-13
A-69	石川聡子 盛岡通	「非専門家のための科学の社会的側面の認識ガイド」の基礎開発―大阪府能勢町ダイオキシン問題におけるリスク・コミュニケーション分析を通して―	科学教育研究	2002	26(4)	280-291
A-70	藤岡達也 小林辰至	多様化する高等学校における「理科」についての考察―科目「総合理科」と定時制・通信制課程の高校生との関わりから	科学教育研究	2004	28(1)	8-17
A-71	藤岡達也	現職教員への科学・技術・社会相互関連理解の機会としての民間企業体験研修について―教育現場・民間企業・教育委員会の連携による研修から―	科学教育研究	2004	28(1)	60-71
A-72	上田昌文	STSからみた物理リテラシー(〈特集I〉国民的教養としての物理の教育,物理リテラシーとはなにか)	物理教育	1995	43(4)	382-383
A-73	相樂俊憲	高校「物理IA」とSTS教育	物理教育	1996	44(4)	460-462
A-74	川村康文	これからの理科授業論の動向(近畿支部特集:「理科教育における授業の意義」)	物理教育	1999	47(5)	270-273
A-75	三木久巳	理科授業の今後(近畿支部特集:「理科教育における授業の意義」)	物理教育	1999	47(5)	305-308
A-76	平井俊男	我々もSTS教育にとりくもう(小・中・高のページ)	化学と教育	1992	40(6)	401
A-77	平賀伸夫 七宮美紀子 鶴田麻也美 福地昭輝	中学校におけるSTS教育(2)―環境問題に関する中学生の認識調査―	化学と教育	1994	42(3)	211-213
A-78	平井俊男	高校におけるSTS教育の一事例―水俣病に関連した教材の実践を中心に―	化学と教育	1995	43(1)	23-26

A-79	大辻永	STS教育とは何か―現代社会の捉え方としてのSTS（あんてな）	化学と教育	1996	44(3)	176-177
A-80	香月義弘	九州地区における高等学校化学教育について（地域における化学教育）	化学と教育	2001	49(2)	73-75
A-81	丹沢哲郎 中谷卓司	BSCSの青版の変遷とSTS教育の関連性	生物教育	1992	32(4)	230-240
A-82	広瀬敬子 長洲南海男	「ヒト」と健康に重点を置いた初等学校理科教育の展開―BSCSの初等学校のSTS教育（SL&Lプログラム）に基づいて―	生物教育	1995	35(2)	153-162
A-83	田村直明	水をきれいにしてくれる微生物たち―STS教育をめざした活性汚泥の教材化―	生物教育	1996	36(3)	162-173
A-84	小山田智彰 城守寛 加藤俊一	高等学校におけるSTS教育の実践例―暮坪カブの組織培養―	生物教育	2001	41(2)	50-56
A-85	梅埜国夫	生物教育におけるSTS教育の可能性―1―STS教育と生物教育	遺伝	1992	46(11)	58-62
A-86	渡辺重義 池田秀雄	生物教育におけるSTS教育の可能性―2―イギリスにおけるSTS教育	遺伝	1992	46(12)	54-59
A-87	長洲南海男	生物教育におけるSTS教育の可能性―3―科学教育のニューパラダイムとしてのアメリカのSTS教育	遺伝	1993	47(1)	92-96
A-88	丹沢哲郎	生物教育におけるSTS教育の可能性―4―アメリカのSTS教育と日本における実践への示唆	遺伝	1993	47(2)	64-68
A-89	原田智代 鈴木善次	生物教育におけるSTS教育の可能性―5―歴史的視点を加えたSTS教育の教材	遺伝	1993	47(3)	61-65
A-90	早崎博之	生物教育におけるSTS教育の可能性―6―「自然と人間」を考える旅―林間学校で尾瀬・足尾を訪ねる	遺伝	1993	47(4)	100-104
A-91	岡邦広	生物教育におけるSTS教育の可能性―7―花粉予報の検証―手作りのスギ花粉飛散調査と社会参加	遺伝	1993	47(5)	59-63
A-92	小林克史	生物教育におけるSTS教育の可能性―8―生徒たちは取材する―環境問題の発表授業	遺伝	1993	47(7)	92-96
A-93	丹治一義 萱野貴広	生物教育におけるSTS教育の可能性―9―静岡での実践教育	遺伝	1993	47(8)	65-69
A-94	中島秀人	生物教育におけるSTS教育の可能性―10―STSネットワークジャパンの活動	遺伝	1993	47(9)	64-68

A-95	小川正賢	生物教育におけるSTS教育の可能性—11—STS教育の実践化に向けて	遺伝	1993	47(10)	93-97
A-96	半本秀博	高等学校生物分野におけるSTS教育の意義と問題点	生物科学	1995	47(1)	40-47
A-97	倉本由香利	ツカえる科学論へ—科学論の非専門家である参加者から科学論への提言—	生物科学	2003	55(1)	15-21
A-98	藤岡達也	「科学-技術-社会の相互関連（STS）」を重視した地学教育—高校地学における年間指導計画の開発と実践—	地学教育	1995	48(1)	1-10
A-99	藤岡達也	環境教育に貢献する地学教材開発の視点—河川教材を例にして—	地学教育	1996	49(3)	85-93
A-100	藤岡達也	兵庫県南部地震に関するSTS教育開発の実践的研究	地学教育	1996	49(4)	131-139
A-101	山田俊弘	授業「濃尾地震をめぐる人々」を実施して—地学史と地震史をSTS教育の視点から教材開発する試み—	地学教育	1998	51(1)	29-39
A-102	藤岡達也	沖積平野における河川環境と水害・治水に関する教材化について—大阪府河内平野を例として—	地学教育	1999	52(1)	11-21
A-103	住田和子 西野祥子	環境問題と消費生活問題—生態学的消費者教育とSTS—	家庭科教育	1994	68(9)	69-78
A-104	小林朝子	科学技術論と家庭科教育	家庭科教育	1998	72(12)	15-19
A-105	井上静香 住田和子	総合学習としての「生態学的消費者教育」（STS家庭科）—「持続可能な開発」概念からのアプローチ—	家庭科教育	2000	74(3)	31-37
A-106	森本弘一	小学校現場における学習理論に対する意識について	日本教科教育学会誌	1997	20(1)	33-39
A-107	阿部二郎	普通教育における技術教育科目の再構想—中学校を事例として—	日本教科教育学会誌	2002	25(3)	81-84
A-108	栢野彰秀	STSアプローチによる高等学校「理科総合A」のカリキュラム開発（2）—単元「物質の変化と自然環境」における学習を例として—	日本教科教育学会誌	2003	26(1)	51-59
A-109	松原克志	環境教育へのSTS的視点の導入	環境教育	1993	2(2)	14-27
A-110	石川聡子	家庭用電池に注目した教材化のための素材について—環境教育とSTS教育の関連した立場で—	環境教育	1996	5(1)	14-21
A-111	鶴岡義彦	学校における環境教育の在り方—総合的な学習の時間を中心に—	環境技術	2003	32(6)	463-467

A-112	小川正賢	学校教育におけるSTS教育―現状と展望（特集「科学技術と社会」を考える）―（「科学技術と社会」の諸相 コミュニケーション）	科学技術社会論研究	2002	1	149-155
A-113	塚原修一	科学技術教育の課題と展望―科学リテラシーと文理連携・学際教育―	大学教育学会誌	2012	34(2)	43-47
A-114	相澤崇	中学校技術科「エネルギー変換に関する技術」の内容とSTS教育との関連―平成24年度版検定教科書の記述内容の分析を通して―	エネルギー環境教育研究	2012	7(1)	61-66
A-115	長洲南海男 谷塚光典	日本におけるエネルギー教育の現状と改善策―新しい科学教育「STS」からのアプローチ―	日本エネルギー学会誌	1995	74(1)	21-31
A-116	長洲南海男	米国のエネルギー・環境教育の新しい方向―STS（サイエンス・テクノロジー・ソサイアティ）と教育改革運動	省エネルギー	1997	49(14)	57-60
A-117	福島肇	科学教育と社会：STS運動	パリティ	1992	7(10)	52-59
A-118	藤田昇治	博物館の教育機能とSTS教育	博物館学雑誌	1994	19	14-22

資料2

大学の紀要等に発表されたSTS教育研究・実践の文献一覧

番号	著者名	論文名	雑誌名	発行年	巻・号	頁
B-1	鈴木善次 原田智代 玉巻佐和子	環境教育とSTS教育との関連性についての諸考察	大阪教育大学紀要．V，教科教育	1990	39(1)	85-94
B-2	丹沢哲郎	BSCSにおける人間の遺伝学教育の展開とSTSアプローチ	教育学研究集録（筑波大学大学院教育学研究科）	1991	15	133-143
B-3	住田和子	家政教育学の構想（3）新しい家政理とカリキュラムの統合―STS教育思想の導入―	広島大学教育学部紀要．第二部	1991	40	169-176
B-4	丹治一義 萱野貴広	STS教育の実践―尊厳死に対する学生の認識―	静岡学園短期大学研究報告	1992	5	255-269
B-5	長洲南海男	科学教育のニューパラダイムとしてのSTS教育（I）歴史的背景―NSTAの1982年と1990年のSTS教育に関する基本声明の比較より探る（1）―	筑波大学教育学系論集	1993	17(2)	73-90
B-6	長洲南海男	科学教育のニューパラダイムとしてのSTS教育（I）歴史的背景―NSTAの1982年と1990年のSTS教育に関する基本声明の比較より探る（2）―	筑波大学教育学系論集	1993	18(1)	171-190
B-7	丹沢哲郎 貝沼喜兵 長洲南海男	高校生物のSTS授業による科学―技術―社会に関する捉え方の変容の調査と評価	筑波大学教育学系論集	1993	18(1)	191-216
B-8	沼尻良一 芳賀和夫	STS（科学―技術―社会）教育と環境教育―日本型STS環境教育カリキュラムの開発―	筑波大学学校教育部紀要	1993	15	11-26
B-9	平賀伸夫 冨樫麻也美 福地昭輝	中学校におけるSTS教育―環境問題を題材として―	東京学芸大学紀要．第4部門 数学・自然科学	1993	45	109-117
B-10	川村康文	高等学校における環境教育の実践―その1	京都教育大学環境教育研究年報	1993	1	15-28
B-11	貝沼喜兵	高校生物におけるSTS教育のモジュール教材開発―組換えDNA技術の指導実践とその評価	東京農業大学一般教育学術集報	1993	23	37-55
B-12	丹治一義	STS教育の実践―エイズ問題について―	静岡学園短期大学研究報告	1993	6	161-171
B-13	坪井雅史	STS教育の意味	倫理学研究（広島大学倫理学研究会）	1994	7	89-96

B-14	川村康文	高等学校における環境教育の実践―その2	京都教育大学環境教育研究年報	1994	2	17-28
B-15	白鳥信義 人見久城	意見の分かれる題材を用いた授業についての考察：STS教育の考え方をもとにして	宇都宮大学教育学部教育実践研究指導センター紀要	1994	17	99-106
B-16	長洲南海男	科学教育のニューパラダイムとしてのSTS教育（I）歴史的背景―NSTAの1982年と1990年のSTS教育に関する基本声明の比較より探る（3）―	筑波大学教育学系論集	1994	18(2)	73-100
B-17	河村由記子 今谷順重 山本克典	環境リテラシーの育成とSTSカリキュラム	神戸国際大学紀要	1994	46	68-83
B-18	藤岡達也 鈴木善次	高校地学におけるSTSモジュールの開発に関する研究―巨大建設（関西新空港と明石海峡大橋）を題材にして―	大阪教育大学紀要．V，教科教育	1994	43(1)	57-65
B-19	長洲南海男	STS（Science/Technology/Society）における新しい指導方法―探求学習論から構成主義学習論への転換―	筑波大学教育学系論集	1995	19(2)	111-130
B-20	KUMANO Yoshisuke IWASAKI Akira	Implementation of STS Approach Based on Constructivist Standing points of view ― Module 'global warming' ―	静岡大学教育学部研究報告（教科教育学篇）	1995	26	137-156
B-21	伊藤武	常温核融合物語―STS教育のための授業用資料―	信州大学教育学部紀要	1996	88	35-45
B-22	松村佳子 石田文章	中学校理科におけるSTS教育	教育実践研究指導センター研究紀要（奈良教育大学）	1996	5	45-56
B-23	小川正賢	STS教材モジュール作成実習受講者のSTS教育意識に関する追跡調査	茨城大学教育学部紀要教育科学教育科学	1996	45	51-64
B-24	藤田静作	大学におけるSTS教育の試行とその検討～「真空管から半導体へ」を事例として～	秋田大学総合基礎教育研究紀要	1998	5	41-53
B-25	石川聡子 鈴木善次	大学生の持つ科学者像とその変容―IQ遺伝決定論争史の教材化―	大阪教育大学紀要．V，教科教育	1998	47(1)	121-128
B-26	中山玄三	STS科学教育論に関する一考察―科学の社会的側面を中心に―	熊本大学教育学部紀要．人文科学	1998	47	315-321
B-27	庭野義英	新しい小学校教員の養成に関する研究―知的成就感，知的満足感の重要性―	上越教育大学研究紀要	1999	18(2)	673-686

ID	著者	タイトル	掲載誌	年	巻号	ページ
B-28	松山圭子	大学教養教育としてのSTS教育	青森公立大学紀要	1999	5(1)	18-26
B-29	鶴岡義彦	HOSCの開発理念と構成視点—アメリカにおけるSTS教育の源流としての「科学事例史法」—	千葉大学教育学部研究紀要. I, 教育科学編	1999	47	97-109
B-30	内山源	環境教育カリキュラムの要素と構造の問題点とその改善—高等教育における問題点・健康教育, STS等との関連—	茨城女子短期大学	1999	26	153-174
B-31	多々良儀仁	Scientific Literacyの育成を目指したSTSモジュール学習の教育的効果—情報リソースの拡大が中学校の学習に与える影響—	理科教育研究誌（上越教育大学理科教育研究室）	2000	12	17-28
B-32	原田智代	「科学と社会」授業ノート—学生と共につくる授業をめざして—	京都精華大学紀要	2000	18	131-148
B-33	谷口義昭 吉田映	STS教育と総合的な学習の時間への対応について—教科書分析と技術科教師の意識調査を通して—	奈良教育大学教育研究所紀要	2001	37	1-7
B-34	栢野彰秀	STSアプローチによる高等学校「理科総合A」のカリキュラム開発—単元「資源の利用と自然環境」を中心として—	広島大学大学院教育学研究科紀要第一部, 学習開発関連領域	2002	50	55-64
B-35	大隅紀和 立本三郎	エジソンゆかりの地域, 学校, 関係者を訪ねる現地調査—科学技術社会(STS)教育と総合学習, または総合演習の教材カリキュラム開発の事例研究—	教育実践研究紀要（京都教育大学教育学部附属教育実践総合センター）	2003	3	95-101
B-36	福原行也 加藤悟	STS教育モジュール「ぎんなん」の開発と評価：秋のイチョウ並木に親しませる理科授業	研究紀要（筑波大学付属坂戸高等学校）	2005	42	101-107
B-37	林衛	市民科学革命の道具としての「科学技術社会コミュニケーション」	富山大学人間発達科学部紀要	2006	1(1)	81-91
B-38	関口昌秀	理科教育とSTS教育	国際経営論集（神奈川大学経営学部）	2006	32	81-102
B-39	山岡武邦 隅田学	STSアプローチに基づいたモジュール教材に関する開発的・実践的研究—中和反応を事例として—	愛媛大学教育実践総合センター紀要	2007	25	15-24
B-40	岡井康二	STS教育と原子力・エネルギー問題	大阪薫英女子短期大学研究紀要	2007	42	43-62
B-41	椚座圭太郎 櫻井理恵	科学リテラシーを育てる先行体験とは何か	富山大学人間発達科学部紀要	2008	2(2)	79-94

B-42	柏野彰秀	アメリカの州科学カリキュラムに見られるSTS教育―全米科学教育スタンダード（1996）の与えた影響を中心として―	北海道教育大学紀要．教育科学編	2008	59(1)	51-58
B-43	鶴岡義彦 小菅諭 福井智紀	純粋自然科学の知識があればSTSリテラシーもあると言えるか―3タイプのテストによる調査研究から―	千葉大学教育学部研究紀要	2008	56	185-194
B-44	柏野彰秀	全米科学教育スタンダード（1996）成立前後のウイスコンシン州，ペンシルベニア州，アラバマ州の州科学カリキュラムの比較分析―STS教育を中心として―	北海道教育大学紀要．教育科学編	2009	59(2)	43-55
B-45	福井智紀	相模原市民を対象とした市民参加型テクノロジー・アセスメントに関する意識調査―代表的手法に対する意見と理科授業導入への賛否を中心に―	麻布大学雑誌	2011	23	37-48
B-46	北田薫	組換えDNA論争史に学ぶSTS教育―大学一般教育課程での授業実践報告―	教授学の探究（北海道大学大学院教育学研究院教育方法学研究室）	2011	28	1-35
B-47	金本瑞生 川口知里 吉田裕午	思慮深い市民のための科学的リテラシー	広島文教教育	2012	27	13-22
B-48	内田隆 鶴岡義彦	日本におけるSTS教育研究・実践の傾向と課題	千葉大学教育学部研究紀要	2014	62	31-49
B-49	内田隆 鶴岡義彦	科学技術基本計画に示される国民像の変遷からみる理科教育の課題と展望：科学技術政策の形成過程への国民の参画に焦点をあてて	学校教育学研究論集	2014	30	83-100
B-50	岡井康二	原子力・エネルギー問題と平和憲法：科学的ヒューマニズムとSTS教育	羽衣国際大学現代社会学部研究紀要	2015	4	55-79
B-51	藤岡達也	ESD（Education for Sustainable Development）を踏まえたDRR（Disaster Risk Reduction）の現状と課題：グローバル人材育成を視野に入れたこれからの環境教育と防災教育への期待	滋賀大学環境総合研究センター研究年報	2015	12(1)	63-71
B-52	中村俊哉	大学の共通科目におけるSTS教育の在り方と実践	仙台白百合女子大学紀要	2015	20	97-109
B-53	佐藤将大 鶴岡義彦 藤田剛志	英国義務教育最終段階の科学コース「21世紀科学」における科学論的内容の取扱い	千葉大学教育学部研究紀要	2016	64	133-141

資料3

科学研究費助成金によるSTS教育研究・実践の報告書の一覧

番号	代表者	研究分担者	課題名	期間 (年度)	研究種目
C-1	笠耐	石川徳治	現代の生活に関連づけた物理プロジェクトの開発と試行	1987～1989	一般研究(B)
C-2	松原静郎	渡辺賢寿・猿田祐嗣 三宅征夫	許容量概念を基礎とした放射能教材の開発研究	1988～1989	一般研究(C)
C-3	阿閉義一	新居淳二・田中晶善 高山進・河崎道夫 渡辺守	幼児・初等・中等及び高等教育における「自然と人間」教育の現状とあり方について	1988～1990	一般研究(B)
C-4	梅埜國夫	根本和成・丹治一義 川上昭吾・池田秀雄 富樫裕・長洲南海男 鶴岡義彦・田羅征伸 北野日出男	科学－技術－社会の相互関連を重視した中等生物教育及び教師教育用モジュールの開発	1990～1991	総合研究(A)
C-5	武村重和	小倉康・中山迅 Manzano Virg	教材の組織的体系に関する教科教育学的研究	1990～1991	一般研究(B)
C-6	鈴木善次	西川喜良・三宅宏司 田中柴枝・岡本正志	高等学校レベルにおける「科学と技術と社会の関連」に関する教材の開発	1991～1993	一般研究(C)
C-7	小川正賢	下坂英・中島秀人	STS（科学・技術・社会）の研究・教育の体系化に関する研究	1991	重点領域研究
C-8	藤田昇治		生涯学習時代の学校教育と博物館—博物館の持つ教育的機能を中心に—	1992～1993	一般研究(C)
C-9	三島嶽志		STS教育に基づく地域環境を生かした理科教材の開発	1992	一般研究(C)
C-10	熊野善介	長洲南海男・久田隆基	高度情報化社会における科学技術社会（STS）教育開発に関する実践研究	1994～1995	一般研究(C)
C-11	長洲南海男	熊野善介	理科授業における構成主義に基づいた新しい指導と評価のプログラムの開発と試行	1994～1995	一般研究(C)
C-12	大堀哲	小原巌・小畠郁生 吉行瑞子・武村重和 坂本昇一	科学系博物館における探究活動の場の構造と教育機能の開発に関する研究	1994～1996	総合研究(A)
C-13	藤田昇治		生涯学習時代の博物館におけるSTS教育の可能性	1994～1996	一般研究(C) →基盤研究(C)

資 料 199

番号	代表者	分担者	課題	年度	種目
C-14	世波敏嗣		連合王国の理科教育における環境教育の発達史―STS教育の観点から―	1994	奨励研究(A)
C-15	根本紀男		理科教育における評価の改善をめざして・STS教育でのポートフォリオ評価を利用して	1994	奨励研究(B)
C-16	松村佳子	中田聡・松村竹子	身近な自然現象を科学的にとらえる力をつけさせるための科学教育の構築	1995～1996	一般研究(C)→基盤研究(C)
C-17	小川正賢	大辻永・関友作	生涯学習体系に市民のための科学技術教育をどう組み込むか～STS教育の視点から～	1995～1996	一般研究(C)→基盤研究(C)
C-18	小川正賢	大辻永・川崎勝 田中浩朗・杉山滋郎 川崎謙	高校理科IA科目群のための副読本開発に関する研究―STS教育の視点から―	1995～1997	試験研究(B)→基盤研究(B)
C-19	野上智行	城仁士・川畑徹朗 永岡慶三・小川正賢 中島秀人・浅田匡 三宅征夫・小田利勝 城仁士・川畑徹朗	21世紀の科学技術社会に求められるライフスキルの研究	1995～1997	総合研究(A)→基盤研究(A)
C-20	寺木秀一		小学校理科指導内容の改善・日本型STSの試行	1995	奨励研究(B)
C-21	稲垣成哲	蛯名邦禎・吉永潤 土井捷三・野上智行	高度科学技術社会に対応したクロス・カリキュラムの開発に関する基礎的研究	1996～1997	基盤研究(B)
C-22	長洲南海男	今村哲史	高度科学・技術社会におけるイシューズ指向の新しい科学教育解明の基礎の研究	1996～1997	基盤研究(C)
C-23	鈴木盛久	河部本悟・柴一実 中西稔・田中春彦 徳永俊彦・白根福榮	教員養成系大学における環境教育実践学の研究	1996～1997	基盤研究(C)
C-24	秋山幹雄	野上智行・藤井浩樹	科学－技術－社会の関係を重視した非理科系生徒用化学教材の開発	1996～1998	基盤研究(C)
C-25	山田大隆		物理・環境教育における産業技術史資料の集積と活用（生徒用STS教材の編成）	1996	奨励研究(B)
C-26	塩川哲雄		高等学校で使用できるSTS教育教材の開発と出版	1996	奨励研究(B)
C-27	大辻永		STS的視点を導入した自然災害教育カリキュラムの構築に関する研究	1997～1998	奨励研究(A)

番号	代表者	分担者	課題	期間	種別
C-28	桑原隆	長洲南海男・山口満 江口勇治・塚田泰彦 清水静海・熊野善介	アメリカの学校教育における全米標準化運動の多面的な基礎研究	1997～1998	基盤研究(C)
C-29	松本幸啓		高等学校生物における環境教育に関する研究―STSアプローチからのプログラム開発―	1997	奨励研究(B)
C-30	長洲南海男	丹沢哲郎・熊野善介	高度科学・技術社会における新科学・技術観解明に基づいた新しい科学教育の構築	1998～1999	基盤研究(C)
C-31	小島勝則		小学校におけるSTSアプローチをもとにした環境教育―ごみ問題を事例にして―	1998	奨励研究(B)
C-32	大辻永		科学技術と社会との関連を扱う(STS)教育における体系的評価法の構築に関する研究	1999～2000	奨励研究(A)
C-33	藤岡達也	秦健吾・佐ına昇 東徹・大辻永 中井精一	地域を主題とした「総合的な学習」をすすめるための教材開発	1999～2000	基盤研究(C)
C-34	長洲南海男	丹沢哲郎・片平克弘 熊野善介・今村哲史	新しい科学リテラシー論に基づく科学教育改革の基礎研究	2000～2001	基盤研究(C)
C-35	鶴岡義彦	小川カホル	環境とSTSとを軸としキャリア教育の要素を加えた総合的な学習	2000～2002	基盤研究(C)
C-36	西野祥子		STS家政教育カリキュラムの開発に関する基礎的研究	2001～2002	奨励研究(A)→若手研究(B)
C-37	藤岡達也	西川純・柚木朋也 東徹・橘淳治 森本弘一・今田晃一 堂之本篤弘	教育センター等における科学教育推進のための教員研修プログラムの開発	2001～2002	基盤研究(C)
C-38	伊藤篤	江原靖人・榎本平 稲垣成哲・田畑暁生 尼川大作・蛯名邦禎 今谷順重・岡田由香 三上和夫・田畑暁生 江原靖人・蛯名邦禎	ポストヒトゲノム社会における科学教育のあり方に関する基礎研究	2001～2004	基盤研究(B)
C-39	栢野彰秀		STS的アプローチを導入した「理科総合A」化学領域のカリキュラム開発	2001	奨励研究(B)
C-40	小倉康	人見久城	創造的思考力と論理的思考力に関する科学的教育課程基準の編成原理の研究	2002	特定領域研究

資　料　201

C-41	藤岡達也	戸北凱惟・西川純 小林辰至・落合清茂 大辻永	パートナーシップを重視した教員研修での自然体験プログラムの開発とその評価	2003～2004	基盤研究(C)
C-42	八巻俊憲		STS（科学・技術・社会）リテラシーを育成する教材モデルの開発	2005	奨励研究
C-43	岡本正志	山下宏文・広木正紀 安東茂樹・土屋英男 榊原典子	自然－社会－歴史的視点から構成する新しいエネルギー環境教育カリキュラムの開発	2006～2007	基盤研究(C)
C-44	藤岡達也	秦康範・落合清茂 東徹・荻原彰 川村康文・小栗有子 土井妙子	自然環境と地域社会との関連性を重視した日本型環境教育の構築	2006～2008	基盤研究(B)
C-45	坪田幸政	高橋庸哉・森厚	大気環境情報システムと科学リテラシーを育成するための学習モジュールの開発	2007～2009	基盤研究(C)
C-46	福井智紀		市民参加型テクノロジー・アセスメントの手法を導入した理科カリキュラムの開発	2009～2011	若手研究(B)
C-47	渡邉重義		生物教育内容のネットワーク型構造化による単元構想力と教材研究力の育成	2010～2012	基盤研究(C)
C-48	熊野善介	清原洋一・奥野健二 三枝新・中武貞文 萱野貴広・神田玲子 丹沢哲郎・内ノ倉真吾	科学技術ガバナンスの形成のための科学教育論の構築に関する基礎的研究	2011～2013	基盤研究(B)
C-49	藤岡達也	秋吉博之・柚木朋也 土井妙子・小栗有子 五十嵐素子	地学教育の再構築の観点から捉えたジオパーク・世界遺産等の活用	2012～2014	挑戦的萌芽研究
C-50	藤岡達也	佐藤健・岡田成幸 榊原保志・大辻永 根本泰雄・今田晃一 五十嵐素子・伊藤孝	東アジア等との関連性を踏まえた日本の防災・減災教育の展開と課題	2012～2014	挑戦的萌芽研究
C-51	福井智紀		科学技術に関する意思決定と合意形成を支援する参加型手法を活用した理科教材の開発	2013～2016	基盤研究(C)
C-52	石川聡子		中等理科教員養成における科学技術リテラシーの指導についての教授理論と方法	2013～2016	基盤研究(C)
C-53	和泉光則		基礎実験科目とキャリア教育を融合させた新しい双方向・文理融合型授業の導入	2014～2015	挑戦的萌芽研究

資料4

タイトルにSTSを含みSTS教育を主として扱っている一般書籍の一覧

番号	著者等 (訳者,編者等)	課題名	発行年	発行所
D-1	Joan Solomon 著, 小川正賢監訳	『科学・技術・社会(STS)を考える―シスコン・イン・スクール』	1993	東洋館出版社
D-2	小川正賢 著	『序説STS教育―市民のための科学技術教育とは』	1993	東洋館出版社
D-3	野上智行, 栗岡誠司 編著	『「STS教育」理論と方法』	1997	明治図書
D-4	岡本正志 編著	『科学技術の歩み―STS的諸問題とその起源』	2000	建帛社
D-5	川村康文 編著	『STS教育読本―21世紀を生きる地球市民のためのサイエンティフィック・リテラシー』	2003	かもがわ出版

資料5

第5章「未来のエネルギー政策を題材に

「未来のエネルギー政策と原子力発電」についてのコンセンサス会議の取り組みのアンケート

1. 教師（内田）による授業以降の取り組みを行うことによって，「エネルギー政策や原子力発電」についての理解にどのような影響がありましたか。
   1 理解が深まった　　2 理解が少し深まった　　3 理解にはあまり影響なかった　　4 理解にはほとんど影響なかった
※深まった，影響なかった の理由を書いてください

2. 今回の授業を通して，「未来のエネルギー政策」や「原子力発電の是非」について，実施以前よりも関心を持つようになりましたか。
   1 持つようになった　　2 少し持つようになった　　3 あまり持てなかった　　4 ほとんど持てなかった
※持つようになった，持てなかった の理由を書いてください

3. 今回の授業を通して，「未来のエネルギー政策」や「原子力発電の是非」について，実施以前よりも自分の意見や考えを持つようになりましたか。
   1 持つようになった　　2 少し持つようになった　　3 あまり持てなかった　　4 ほとんど持てなかった
※持つようになった，持てなかった の理由を書いてください

4. 「未来のエネルギー政策」や「原子力発電の是非」について，意見を表明する機会があった時，様々な形で意見表明をしていこうと思いますか。
   1 意見表明しようと思う　　2 少し意見表明しようと思う　　3 あまり意見表明しようと思わない　　4 意見表明しようと思わない
※意見表明しようと思う，しようと思わない の理由を書いてください

したコンセンサス会議」で使用した質問紙

5．異なる意見を持つ専門家の講演を聞く時，話の内容を正しいかどうかを自分で判断しながら，批判的に，疑いながら聞くことができましたか。
　　1　聞くことができた　　　2　少し聞くことができた　　　3　あまり聞けなかった　　　4　ほとんど聞けなかった
※聞くことができた，できなかった の理由を書いてください

6．自分の意見を，班員にきちんと伝えることができましたか。
　　1　伝えることができた　　　2　少し伝えることができた　　　3　あまり伝えることができなかった　　　4　ほとんど伝えられなかった
※伝えることができた，できなかった の理由を書いてください

7．自分の意見やまとめたコンセンサス文書（合意文書）は，自分（自分達）の利益だけでなく，1人の市民（国民，地球人）の視点を配慮して判断しまとめることができましたか。
　　1　配慮して判断できた　　　2　少し配慮して判断できた　　　3　あまり配慮して判断できなかった　　　4　ほとんど配慮できなかった
※配慮して判断できた，できなかった の理由を書いてください

8．コンセンサス会議という授業形式を良いと思いますか。
　　1　良いと思う　　　2　少し良いと思う　　　3　あまり良いと思わない
　　4　良いと思わない
※良いと思う，思わない の理由を書いてください

　　　　　　　　年　　　組　　　番　氏名

資料6

第6章「生殖補助医療の法制化を題材にしたコンセンサス会議」で使用した質問紙

(1) 生殖補助医療について，関心を持ち，考えたりすることはあなたにとって，大切なことだと思いますか。

①思う　②どちらかといえばそう思う　③どちらかといえばそう思わない
④思わない

理由

(2) 生殖補助医療について，一般市民の意見を政策に反映させる機会があったとき，あなたも自分の意見を伝えるべきだと思いますか。

①思う　②どちらかといえばそう思う　③どちらかといえばそう思わない
④思わない

理由

氏名_____

資料7

第7章「臓器移植法案の改正を題材にしたシナリオワークショップ」で使用した質問紙

(1) 脳死による「臓器移植法案」について、関心を持ち考えたりすることはあなたにとって、大切なことだと思いますか。

　①思う　②どちらかといえばそう思う　③どちらかといえばそう思わない
　④思わない

　理由

(2) 脳死による「臓器移植法案」について、一般市民の意見を政策に反映させる機会があったとき、あなたも自分の考えを伝えるべきだと思いますか。

　①思う　②どちらかといえばそう思う　③どちらかといえばそう思わない
　④思わない

　理由

(3) 科学技術は今後も発展を続けると考えられますが、21世紀後半の我々の生活は、現在よりも幸福な生活になっていると思いますか。

　①思う　②どちらかといえばそう思う　③どちらかといえばそう思わない
　④思わない

　理由

　　　　　　　　　　　年　　組　　番　氏名

資料8

第8章「未来のエネルギー政策を題材にしたシナリオワークショップ」で使用した質問紙

---

(1) 今後のエネルギー政策（原子力発電や再生可能エネルギーの推進・削減等）について，関心を持ち，考えたりすることは，あなたにとって大切なことだと思いますか。

　　①思う　　②どちらかといえばそう思う　　③どちらかといえばそう思わない
　　④思わない

　　理由

(2) 今後のエネルギー政策について判断するとき，マスコミの報道や人の言うことをそのままうのみにするのではなく，自ら学ぶことは必要ですか。

　　①思う　　②どちらかといえばそう思う　　③どちらかといえばそう思わない
　　④思わない

　　理由

(3) 今後のエネルギー政策について，市民の意見をマスコミに反映させる機会があったとき，あなたも自分の考えを伝えてみたいですか。

　　①思う　　②どちらかといえばそう思う　　③どちらかといえばそう思わない
　　④思わない

　　理由

　　　　　　　　　　　　　　　　　　　　　氏名＿＿＿＿＿＿＿＿＿＿

著者略歴

内田　隆（うちだ　たかし）

明治大学農学部卒業，立教大学異文化コミュニケーション研究科修了，東京学芸大学連合学校教育学研究科博士課程修了　博士（教育学）。
乳業会社，埼玉県立高校理科教諭・実習助手を経て，東京薬科大学生命科学部講師。

科学技術社会の未来を共創する理科教育の研究
―生徒の意思決定・合意形成を支援する授業―

2018年11月30日　初版第1刷発行

著　者　　内　田　　　隆
発行者　　風　間　敬　子
発行所　　株式会社　風　間　書　房
〒101-0051　東京都千代田区神田神保町1-34
電話03(3291)5729　FAX 03(3291)5757
振替00110-5-1853

印刷　藤原印刷　　製本　高地製本所

©2018　Takashi Uchida　　　　　　　　NDC 分類：375
ISBN978-4-7599-2246-2　Printed in Japan

JCOPY〈(社)出版者著作権管理機構　委託出版物〉
本書の無断複製は，著作権法上での例外を除き禁じられています。複製する場合はそのつど事前に（社）出版者著作権管理機構（電話03-3513-6969，FAX 03-3513-6979，e-mail: info@jcopy.or.jp）の許諾を得て下さい。